뤽상부르의 여인들
Luxembourg

뤼상부르의 여인들

ⓒ 전향아, 김대웅, 2017

초판 1쇄 발행 2017년 4월 21일

지은이	전향아, 김대웅
펴낸이	이기봉
편집	좋은땅 편집팀
펴낸곳	도서출판 좋은땅
출판등록	제2011-000082호
주소	경기도 고양시 덕양구 동산동 376 삼송테크노밸리 B동 442호
전화	02)374-8616~7
팩스	02)374-8614
이메일	so20s@naver.com
홈페이지	www.g-world.co.kr

ISBN 979-11-5982-799-0 (03920)

이 도서의 국립중앙도서관 출판시 도서목록(CIP)은 서지정보유통지원시스템 홈페이지(http://seoji.nl.go.kr)와 국가
자료공동목록시스템(http://www.nl.go.kr/kolisnet)에서 이용하실 수 있습니다. (CIP제어번호 : CIP2017009099)

뤽상부르의 여인들

Luxembourg

전향아 · 김대웅 지음

좋은땅

머리말

파리의 오데옹 구역에서 도보로 15분 거리에 위치한 뤽상부르 공원에 가면 뤽상부르 궁을 에워싼 담장 주변으로 스무 명의 여인들의 입상이 일정한 간격을 두고 서 있는 모습을 볼 수 있다.

25년 전에 맨 처음 그 석상들을 보았을 때는 아무 흥미 없이 지나쳤던 기억이 있다. 그러나 몇 년 전 우연히 발견한 그 석상들의 주인공들의 실체를 알고 나서는 이 여인들의 생애에 대해 깊은 관심을 갖게 되었다.

그 석상의 대부분은 왕비와 귀부인들이다.

나는 그녀들이 누구의 아내, 어머니, 누이들이 아닌 그녀들의 남편, 아버지, 형제들이 누군가에 대해 연구해 보고 싶었다. 그래서 여자를 고작 가문의 재산 정도로 여기던 시대에 그녀들 각자가 어떻게 자신의 운명을 개척했고, 어떻게 운명에 순응하는 삶을 살았는지에 초점을 맞추고 이야기를 풀어나가고자 했다.

이제 차가운 흰 석상에 갇혀있는 그녀들의 위대한 일생에 생명의 입김을 불어넣으려 한다. 그리하여 1000년간의 시공간을 뛰어넘어 그녀들이 오늘날 우리에게 들려주고자 하는 이야기들을 전하고자 한다.

자료를 모으기 시작한 지 어언 10년, 그리고 프랑스 전역에 산재해 있는 그녀들의 발자취를 직접 답사한 지 3년 만에 우선 1권을 내놓는다.

이천십칠 년 일 월 마지막 날
전향아

CONTENT

서문

    파리의 6구 생 미셸(Rue de Saint Michel) 거리는 11세기부터 소르본 대학을 중심으로 유럽 전역으로부터 많은 신학도들이 몰려들었던 곳이다. 그 후 18세기에는 수많은 예술가들과 문인, 작가들이 이곳에 모여 예술가들의 거리를 형성했다.

    많은 갤러리들과 다양한 골동품샵들은 순수 미술과 공예, 그리고 사진 등 여러 장르의 작품들을 전시하고 있다. 오래된 카페와 고풍스러운 레스토랑들은 낭만적 분위기를 조성하며, 미각을 즐기려는 멋쟁이 파리지앵들의 발걸음이 끊이지 않게 한다.

    최근에는 거리 동쪽 구역에 관광객들이 즐길 만한 퓨전 레스토랑도 연이어 생겨나 방문자의 하루가 지루하지 않은 곳이다.

    그리고 그 중심에 생 미셸 광장(Place de Saint Michel)이 있다.

메트로 4번 선과 만나며 남쪽으로 이어지는 생 미셸 거리의 시작점인 이 광장은 오거리 모퉁이에 만들어진 벽면 분수대가 로마의 트레비분수를 연상케 하며, 대천사 미카엘이 청동검으로 악마를 내려치는 늠름한 모습이 조형화되어 있다. 마치 몽 생 미셸 수도원(Abbaye de Mont-Saint-Michel) 첨탑 꼭대기의 성 미카엘 모습을 가까이 보는 느낌이다.

그리고 생 미셸 거리의 남쪽으로 오르막길이 펼쳐지는데 0.7km 직진하면 소르본느 대학가와 팡테옹으로 향하는 길이 펼쳐진다.

오르막길에 보이는 서점 몇 군데와 카페들을 지나치면 생 제르멩 데 프레(Rue de Saint-Germain-des-près) 길을 건너게 되는데 왼쪽에 클뤼니 수도원(Abbaye de Cluny)을 볼 수 있다. 현재는 국립역사박물관으로서 중

요한 자료들을 소장하고 있다.

계속 직진해서 오르다 보면 의학전문대학 거리(Rue de L'Ecole de Medecine)를 건너게 되며, 곧이어 마주치는 사거리에 서게 되면 이미 천 년 전부터 학생들과 교수들의 라틴어 대화 소리가 끊이지 않던 라탱 구역(Quartier Latin)에 도착하게 된다.

왼편에는 팡테옹(Panthéon)과 소르본느 대학, 그리고 그 뒤에 이어지는 생-테티엔-뒤-몽 교회(Église Saint-Étienne-du-Mont)를 바라볼 수 있고, 교회 바로 옆에 앙리 4세 고등학교(Lycée Henri Ⅳ) 등이 자리 잡고 있다. 그리고 오른편에는 뤽상부르 궁이 아름다운 정원과 함께 펼쳐져 있다.

한때 앙리 4세의 두 번째 부인 마리 드 메디치가 살았던 궁이기도 했고, 이제는 파리 시민들이 산책하고 싶은 첫 번째 순위로 꼽히고 있다. 많은 사람들이 오후의 여유와 한가로움을 즐기려고 찾는 공원이기도 한, 이 아름다운 궁전.

정원 마당에는 분수를 중심으로 그 둘레에 프랑스 역사에 기억되는 여인들의 석상이 줄지어 서 있는 모습을 볼 수 있다.

이 궁전의 정원을 한가로이 거닐어 보려고 한다.
석상에서 느껴지는 역사의 한 장면을 떠올려 보면서······

9인의
귀부인들

1.

마리 드 메디치

(Marie de Médicis, 1573.4.26.~1642.7.3.)

"아들과 권력싸움을 벌인 어리석은 어머니"

MARIE DE MÉDICIS
REINE DE FRANCE
1573 - 1642

마리 드 메디치는 1573년 4월 26일 이탈리아의 피렌체에서 토스카나 대공 프란체스코 1세(François I, Grand duc de Toscane, 1541~1587)와 신성로마제국의 황녀 잔 도트리슈(Jeanne d'Autriche, 1547~1578)의 8명의 자녀들 중 막내딸로 태어났다.

마리의 아버지 프란체스코 대공은 피렌체의 공작이자 후에 토스카나 1대 대공인 코지모 1세(Cosimo I, de Toscane)와 어머니 엘레노어 드 톨레도(Eléonore de Tolèdo, 1522~1562)의 장남으로 태어나 20대 초반에 이미 병에 걸린 아버지를 대신해 섭정을 했었다. 그러나 정작 프란체스코 1세는 정치에는 관심이 없던 인물로, 그는 과학 분야에 매우 흥미

마리 드 메디치의 할아버지인 토스카나 대공 코지모 1세 초상화. 브론치노 작

를 느끼고 실제로 피렌체의 피티 궁에 스튜디오를 마련하여 연금술을 연구하던 아마추어 과학도였다.

1565년 프란체스코 1세는 신성로마제국의 황녀 잔 도트리슈와 피렌체에서 결혼을 하였다. 이 결혼은 프란체스코 1세의 아버지 코지모 대공에 의해 이루어진 정략결혼으로 사실, 프란체스코 1세에게는 결혼 전부터 사랑하는 여인이 있었으나 아버지의 강압에 못 이겨 애정 없는 결혼생활을 영위하게 되었다.

따라서 프란체스코 1세는 아내 잔을 전혀 사랑하지 않았는데 잔이 임신 중에 베키오 궁의 계단에서 굴러 사경을 헤맬 때도 그는 애인 비앙카 카펠로(Bianca Cappello, 1548~1587) 집에 머물며 아내를 돌보지 않았다.

심지어 그는 오늘날까지 아내를 독살했다는 혐의까지 받고 있다.

마리 드 메디치의 아버지 프란체스코 1세 초상화.
알레산드로 알로리 작 1567년경 (왼쪽)

마리 드 메디치의 어머니 잔 도트리슈 초상화.
쥐제뻬 아르심볼도 작 (오른쪽)

마리의 어머니 잔 도트리슈는 1547년 생으로 신성로마제국의 황제 페르디난드 1세(Férdinand Ⅰ, du Saint-Empire, 1503~1564)와 헝가리와 보헤미아의 공주 안 자겔롱(Anne Jagellon, 1503~1547) 사이에 막내딸로 태어났다.

잔은 1565년 11월에 토스카나 대공 프란체스코 1세와 결혼하면서 고향 프라하를 떠나 피렌체로 왔다.

잔은 나이 든 부모의 막내딸로 부모의 사랑을 한 몸에 받으며 화려한 궁중에서 지내다 언어도 관습도 다른 낯선 곳으로 시집을 와서 한동안 고향에 대한 향수병에 시달리며 힘든 신혼시절을 보냈다.

결혼하고 얼마 지나지 않아 그녀는 남편에게 오래된 애인이 있다는 것을 알게 되었고 그 일로 부부는 수시로 다투는 등 사이가 좋지 않았다. 게다가 잔은 황제의 딸이었고 그녀의 남편은 대공이었으므로 잔은 신분 차이를 들어 시종일관 남편에게 콧대 높은 태도를 취했기 때문에 부부의 불화는 전혀 개선될 기미가 보이지 않았다.

또 잔은 피렌체 시민들에게도 '거만한 오스트리아 여자'라 불리며 인기를 얻지 못했다. 다만, 이 결혼을 적극 주선한 시아버지 코지모 대공만이 잔이 낯선 시댁에서 기댈 수 있는 유일한 버팀목이 되어주었다.

밖으로만 도는 남편 때문에 속이 썩고 향수병에 시달리며 매일 눈물로 지새는 며느리 잔을 위해 코지모 대공은 어떻게 하면 며느리를 위로해줄까 고심한 끝에, 당대의 유명한 화가 바사리(Giorgio Vasari, 1511~1574)에게 그림을 주문하였다. 베키오 궁(Palazzo Vecchio)의 벽화에 며느리의 고향 프라하의 풍경을 최대한 재현하게 해서 궁에서 늘 외톨이로 지내는 가엾은 며느리를 위로하고자 했다.

신기한 일은 부부 간의 불화가 끊이지 않았음에도 부부가 12년간의 결혼생활 동안 자녀를 8명이나 낳았다는 것이다.

6명의 딸과 2명의 아들 중 아들 둘이 모두 어렸을 때 죽는 바람에 프란체스코 1세의 후계자가 없었는데, 9번째 아이를 임신 중이었던 잔이 베키오 궁의 계단에서 굴러 1578년 4월 11일 뱃속의 아이와 함께 31세를 일기로 세상을 떠났다.

잔이 31살의 젊은 나이로 사망하자 프란체스코 1세는 애인 비앙카 카펠로와 재빨리 결혼했고 잔의 남은 아이들은 피티 궁에 방치된 채 버려졌는데 비앙카와 프란체스코 1세는 오로지 둘만이 이 궁 저 궁으로 옮겨 다니며 사냥과 무도회와 파티로 행복한 나날을 보내고 있었다.

토스카나(Toscane) 지방의 피렌체 도시 외곽에 위치한 포찌오 빌라(Villa Poggio)

그러던 1587년 10월 8일 그날도 어김없이 근처 숲에서 사냥을 마치고 돌아온 대공 부부는 포찌오 빌라에서의 저녁만찬을 마치자마자 갑자기 고열이 나고 구토를 하며 쓰러졌다. 토스카나 대공은 11일간의 사투 끝에 10월 19일 46세를 일기로 사망했고, 비앙카 카펠로도 6시간 후 그의 뒤를 따랐다.

당시에는 두 사람이 말라리아로 사망했다고 발표했으나 세간에는 두 사람이 독극물 중독으로 사망했다는 소문이 더 신빙성 있게 나돌았다.

비앙카 카펠로 초상화. 알레산드로 알로리 작

2007년 브리티시 메디컬 잡지에 실린 한 기사에 따르면 이탈리아- 미국인 의사들로 구성된 합동조사단이 프란체스코 1세의 수염에서 치사량을 훨씬 넘는 다량의 비소가 검출되었다고 발표해 이 독살설에 대해 힘을 실어주었다. 따라서 당시에도 유력한 독살설의 가해자로 지목되었던 프란체스코 1세의 동생인 추기경 페르디난드(Ferdinand I, de Médicis, 1549~1609)가 형을 죽인 범인으로 거의 확실시되었다.

당시에도 페르디난드 추기경은 비앙카 카펠로를 아주 싫어했으며 늘 형의 대공 자리를 탐냈었는데, 형이 병석에 누운 11일 동안 자신이 형의 간호를 하겠다고 나섰고 형이 죽었을 때는 교황청에 보내는 문서에 형의 죽음의 심각성을 최소화해서 보냈었다.

4살 때 어머니를 여의고 12살 때 아버지까지 여읜 마리 드 메디치는 살아남은 자매들과 함께 피티 궁에서 외롭고 쓸쓸한 어린 시절을 보냈다. 맨 위의 언니 엘레노르(Eléonore de Médicis, 1567~1611)와 둘째 언니 안, 그리고 막내 남동생 필리포와 지낼 때는 그래도 덜 외로웠으나 안과 필리포가 일찍 세상을 뜨고 큰언니 엘레노르가 만토바 공작 빈센초 1세와 결혼하여 피렌체를 떠나자 그녀는 그야말로 천애고아가 되었다. 큰언니 만토바 공작부인 엘레노르는 후에 마리의 첫째 아들 루이의 대모가 되어주었다.

마리의 아버지 프란체스코 1세의 죽음으로 토스카나 대공 자리는 마리의 삼촌 페르디난드 1세가 물려받았다. 그는 토스카나 대공으로 즉위한 이듬해에 카트린 드 메디치의 외손녀인 크리스틴 드 로렌(Christine de Lorraine, 1565~1637) 공작녀와 결혼했다.

마리의 작은 어머니가 된 크리스틴 대공비는 고아가 된 마리를 따듯하게 보살펴주었으며 제대로 교육도 받지 못하고 자란 그녀에게 체계적인 교육을 시켜주었다.

그리하여 작은어머니의 사랑 속에 마리는 아름다운 처녀로 성장할 수 있었다. 그녀는 큰 키에 약간 살집이 있는 당당한 풍채를 지녔으며 매우 흰 피부에 풍성한 갈색머리 그리고 작은 눈의 소유자였다.

또한 그녀는 신심이 깊은 카톨릭 신자였으나 어머니 잔 도트리슈를 닮아 천성이 거만하였고 사람들에게 아량을 베풀 줄 몰랐으며, 일을 추진함에 있어서는 무기력하고 상황판단이 흐렸던 것으로 알려져 있다.

부모 없이 외롭게 자란 마리였지만 메디치 가문의 부유함 덕에 많은 청혼자들이 줄을 이었다. 삼촌 페르디난드 대공은 주변 영주들의 청혼에도 불구하고 조카의 혼처 자리에 신중을 기하고 있었는데 그가 마침내 조카의 결혼상대로 고른 인물은 프랑스 왕 앙리 4세(Henri Ⅳ, roi de France, 1553~1610)였다.

앙리 4세는 페르디난드 대공에게 막대한 빚을 지고 있었고, 또 그즈음 그는 아내 마르그리뜨 드 발로아와 이혼하여 홀아비 신세였다.

이후 양국 간에 결혼협상이 활발하게 진행되었다. 메디치 가문이 배출한 두 번째 프랑스 왕비가 될 마리는 가문으로 치자면 감히 공국의 대공녀가 강대국 프랑스의 왕비가 된다는 건 언감생심한 일이었지만, 돈이 궁할 때마다 지참금에 탐을 낸 프랑스 왕들은 이번에도 메디치 가문의 현금에 손을 내민 것이다.

파리 퐁네프 다리(Pont Neuf)에 있는 앙리 4세 청동 기마상

그래도 이 가문 출신의 전 왕비 카트린 드 메디치에 비해 마리 드 메디치는 자신이 신성로마제국 황제의 외손녀라는 자부심이 대단하였다고 한다. 그래서 그녀는 자신이 프랑스 왕비가 될 정당성을 충분히 갖추었다고 자부하여 텃세 심한 프랑스 궁정에서도 전혀 주눅 들지 않았다고 한다.

오랜 결혼협상 끝에 마리가 가져올 지참금은 금화 60만 에퀴라는, 실로 어마어마한 금액으로 결정되었다. 그러나 그중 30만 에퀴는 이미 앙리 4세가 페르디난드 대공에게 빚진 돈이어서 지참금에서 퉁치고 그녀가 가져올 지참금은 최종적으로 30만 에퀴로 결정되었다.

이렇게 하여 1600년 10월 5일 피렌체의 꽃의 성모마리아 대성당에서 마리와 앙리 4세의 대리혼이 치러졌다. 앙리 4세를 대신해서는 왕의 절친인 피렌체 주재 프랑스대사 로제(Roger de Bellegarde)가 신랑역을 맡았다. 대리혼을 마친 마리 드 메디치는 이제 진정한 프랑스 왕비가 되기 위해 미지의 나라 프랑스로 설레는 가슴을 안고 고향 피렌체를 떠났다.

2000명의 사절단을 이끌고 배를 타고 프랑스로 향한 마리 드 메디치는 11월 3일 피렌체를 떠난 지 한 달 만에 프랑스의 마르세이유 항구에 도착했다. 그러나 고대하던 신랑 대신 자신을 마중 나온 사람이 앙트와네뜨 퐁 후작부인(Antoinette de Pons, 1560~1632)뿐이라는 걸 알고 마리는 불같이 화를 냈다고 한다.

마리와 그녀의 사절단은 마르세이유에서 계속 북쪽으로 이동하여 드디어 12월 3일에 리옹(Lyon)에 도착했다. 그리고 그곳에서 기다리고 있던 앙리 4세와 처음 만난 마리 드 메디치는 12월 9일 리옹의 생장 대성당에서

마르세이유 항구에 도착한
마리 드 메디치,
피터 폴 루벤스 작

성대한 결혼식을 올렸다. 그리고 신랑과 신부는 화려한 피로연을 마친 후 첫날밤을 보냈다.

마리 드 메디치의 남편 프랑스 왕 앙리 4세는 처남인 발로아 왕조의 마지막 왕 앙리 3세가 암살당하면서 그의 뒤를 이어 왕이 되었고 부르봉 왕조를 열었다.

그는 1553년 12월 13일 나바르 왕국에서 아버지 앙트완 드 부르봉(Antoine de Bourbon, 1518~1562)과 어머니 나바르 여왕 잔 달브레(Jeanne d'Albret, 1528~1572)의 외아들로 태어나 독실한 신교도인 어머니 잔 달브레의 영향으로 신교도의 수장이 되었다.

샹티이 성의 콩데 미술관에 있는 가브리엘 데스트레 그림

앙리 4세는 발로아의 마르그리프 공주(Marguerite de Valois, 1553~1615)

와의 첫 번째 결혼에서 자녀가 생기지 않았고, 둘 사이에 극심한 불화를 겪다가 1599년 이혼했으며 이어 왕은 자신의 오랜 정부인 가브리엘 데 스트레(Gabrielle d'Estrées, 1573~1599)와 결혼하려 했었으나 그녀도 같은 해 갑작스럽게 사망하는 바람에 실의에 빠져 지냈었다.

그러나 앙리 4세는 '호색한'이라는 별명이 무색하지 않게 당시 앙리에 뜨 당트라그 후작부인(Catherine Henriette de Balzac d'Entragues, 1579~1633) 과 사랑에 빠져있었으며 마리 드 메디치와 결혼할 당시에도 앙리에뜨 당 트라그를 비롯한 수많은 정부들의 집을 들락거리고 있었다.

프랑스 왕비가 되어 파리의 루브르 궁으로 입성한 마리는 곧바로 임신을 했다. 결혼 이듬해인 1601년 9월 27일 그녀가 왕세자 루이를 출산했을 때 왕은 물론 프랑스 전체가 40년 만에 태어난 왕세자를 기뻐하여 축제 분위기에 휩싸였다.

그녀는 그 후 9년 동안 5명의 아이들을 더 낳으며 왕비로서의 역할을 충실히 수행했다. 거의 2년 간격으로 규칙적인 출산을 한 왕비였지만 1603년부터 1606년 사이에는 태어난 자녀가 없었는데, 까닭은 그 기간에 왕이 애첩 앙리에뜨 당트라그 후작부인에게 빠져서 마리를 독수공방하게 했기 때문이다.

앙리에뜨 당트라그 후작부인

이 앙리에뜨 당트라그 후작부인은 샤를 9세(Charles IX, roi de France, 1550~1574)의 애첩 마리 투셰(Marie

Touchet, 1549~1638)의 딸로, 마리 투셰는 샤를 9세가 죽자 발자끄 당트라 그 후작과 결혼하여 앙리에뜨를 낳은 것이다.

마리 투셰는 당대에 프랑스에서 가장 아름다운 여인이었다.

영리한 모사꾼인 앙리에뜨 당트라그에게 왕비 마리 드 메디치는 애초 부터 상대가 안 되었다. 왕비가 계속되는 출산으로 몸이 점점 불어나자 그녀에게 '장사꾼 집의 뚱뚱한 딸'이라는 별명을 붙여준 것도 앙리에뜨 당트라그였다.

앙리에뜨 당트라그는 앙리 4세와의 사이에 아들도 낳았었고 왕이 가 브리엘 데스트레를 잃고 실의에 빠져있을 때도 그를 위로해주고 마음을 잡아준 것도 그녀였기에 앙리에뜨 당트라그는 앙리 4세가 자기와 결혼 할 줄 알았다. 그래서 앙리 4세가 피렌체에서 새로 왕비를 들인다는 얘기 를 들었을 때 가장 심한 배신감을 느꼈었다.

한편 마리 드 메디치는 질투가 많았다. 그리고 그녀는 남편의 외도를 참지 못했다. 그럼에도 그녀는 남편 앙리 4세를 진심으로 사랑했기 때문 에 그의 정부들에게서 그를 떼어놓으려 무진 애를 썼다.

질투에 눈이 먼 마리는 남편에게 여러 번 큰소리로 대들었다고도 한 다. 부부는 싸우는 일이 많았고, 왕비가 왕의 애첩들과 말을 섞는 것은 왕 비의 품위에 어긋나는 일이라는 걸 잘 알면서도 마리는 현명하지 못한 행동으로 왕의 정부들과 말다툼을 벌이기도 했다.

더구나 그녀가 가장 참지 못하는 일 가운데 하나는 자신의 아이들과 정부들이 낳은 아이들이 한데 어울려 자라는 것이었다. 그것도 모자라 앙리 4세는 왕비인 자신과 정부들을 한자리에 동석시키는 등 왕비에 대한 배려심은 눈곱만큼도 찾을 수 없었다.

이윽고 앙리 4세의 끊임없는 바람기에 지친 왕비 마리 드 메디치는 점점 값비싼 보석들과 장식품, 그리고 이탈리아 출신 화가들의 그림과 조각들을 사들이고, 화려한 옷치장으로 국고를 탕진하면서 결국은 자신이 가져온 지참금을 훨씬 뛰어넘는 지출을 하기에 이르렀고, 남편으로부터 지출에 대한 경고를 여러 번 받게 되었다.

어느덧 왕비 마리 드 메디치는 결혼생활 10년이 다 되어가고 있었다. 그러나 그녀는 아직 왕비대관식을 치르지 못했다. 그녀가 대관식 얘기를 꺼내기만 하면 왕은 이런저런 이유를 들어 자꾸 왕비의 대관식을 미루었다.
그러다 앙리 4세는 신성로마제국 왕자들 간의 정치적 다툼을 해결하기 위해 며칠 후 독일로 원정을 떠나야 했으므로, 자신이 프랑스 왕국을 비우는 동안 왕비를 섭정으로 앉히기 위해서는 반드시 왕비대관식을 치러야 했다. 1610년 5월 13일 왕은 서둘러 생드니 사원에서 마리의 왕비대관식을 올리게 해주었다.

그리고 다음날인 5월 14일 앙리 4세는 암살당했다.

파리 샤틀레 근처 페론느리 거리에 표시되어있는 앙리 4세의 암살 장소. 나바르 왕국과 프랑스 왕국의 왕국기를 새겨 넣음으로써 앙리 4세를 나타내고 있다.

파리 페론느리 거리
(Rue de la Ferronnerie)에서 일어난
앙리 4세의 암살 장면을 묘사한 삽화

1610년 5월 14일 금요일 이른 아침 앙리 4세는 루브르 궁을 빠져나와 와병중인 재상 쉴리(Duc de Sully, 1559~1641)를 병문안 가던 중이었다. 왕이 탄 마차가 샤틀레(Châtelet) 근처 페론느리 거리(Rue de la Ferronnerie)

를 지날 때 마침 앞의 마차에서 떨어진 건초더미 때문에 마차끼리 서로 엉켜있어 왕의 마차가 정차해 있었는데, 한 수도사가 커다란 망토를 휘날리며 왕이 탄 마차에 올라타 순식간에 왕의 가슴에 단도를 꽂았다.

56세의 앙리 4세는 그 자리에서 절명했다. 왕을 암살한 남자는 프랑소와 라바이악(François Ravaillac, 1577~1610)이라는 광신적 카톨릭 수사로서 그는 앙리 4세의 낭트 칙령에 불만을 품고 이 같은 일을 저질렀다.

마차 안에서 앙리 4세는 검토해야 할 문서를 읽느라 정신이 팔려 있었다지만, 마차 곁의 근위병들이 그 순간 흩어진 것은 지금도 논란의 여지가 있다. 게다가 하필 왕비의 대관식 다음날 왕이 암살당한 것 때문에 지금도 마리 드 메디치가 그 배후에 있다고 믿는 사람들이 많다.

앙리 4세 암살 사건을 기록한 명패

앙리 4세는 프랑스인들 사이에서 매우 너그럽고, 소탈하며, 또 서민적이고 유능한 왕으로 지금까지 기억되고 있다. 그가 왕위에 오르며 한 첫 번째 성명은, "모든 프랑스 국민들에게 매주 일요일에 닭고기 요리를 먹게 해 주겠다"는 것이었다.

라 플레슈(La Flèche)에 있는 생루이 교회(Eglise Saint-Louis) 전경. 이곳에 앙리 4세의 심장이 안치되어 있다.

앙리 4세의 심장

실제로 오늘날까지 프랑스인들이 일요일에 가장 많이 먹는 요리가 닭고기인 것을 생각하면 그의 바람은 이루어진 셈이다. 또 신교도였던 자신이 구교로 개종하며 지리멸렬하던 종교전쟁에 종지부를 찍는 '낭트 칙령'을 발표하여 오랜 내전으로 피폐해진 프랑스 국민들의 삶을 윤택한 삶으로 바꾸기 위해 애썼으나 신교와 구교를 화합시키기 위한 그의 노력은 그 자신에게는 결국 신교와 구교 양 진영에게 반감을 사는 결과를 가져오게 되었다.

앙리 4세의 갑작스러운 죽음으로 프랑스 왕실과 국민들은 말할 수 없는 비통함에 빠졌다. 왕의 평소 소원대로 그의 심장은 라 플레슈(La Flèche)에 있는 생루이 교회(Eglise de Saint-Louis)로 보내졌다. 그리고 그의 유해는 루브르 궁에 안치되어 조문객들을 맞았다. 몇 주간의 애도기간과 장례미사를 마친 후 1610년 7월 1일 앙리 4세는 생드니 사원에 안장되었다.

왕의 장례식이 끝난 후 왕세자 루이가 아버지의 뒤를 이어 루이 13세로 왕위에 올랐다. 그러나 루이 13세는 8살의 어린아이였으므로 모후 마리 드 메디치가 섭정을 맡았다. 마리는 섭정 초기에는 재상 쉴리 등 남편의 측근들을 그대로 유임시켰으나 곧 그녀는 자신의 사람들로 궁정을 이끌어나가려 했다.

그녀가 가장 신뢰한 측근은 피렌체에서부터 데리고 온 소꿉친구 레오노라 갈리가이(Léonora Galigaï, 1568~1617)와 그녀의 남편 콘치노 콘치니(Concino Concini, 1575~1617)로, 마리 드 메디치는 장검 한번 잡아본 적 없는 콘치노를 프랑스 원수로 임명하여 그에게 외교권을 넘겨주었다.
콘치노의 정책은 에스파니아의 필립 3세와 친하게 지내는 것이었고 그 결과 프랑스 왕실과 에스파니아 왕실에서 이중혼인이 이루어졌다.

콘치노 콘치니 초상화   레오노라 갈리가이 초상화

바로 루이 13세와 에스파니아의 왕 필립 3세의 딸 안 도트리슈(Anne
d'Autriche, 1601~1666), 그리고 루이 13세의 여동생 엘리자베스와 필립 3
세의 아들 필립 4세(Philippe Ⅳ d'Espagne, 1605~1665)를 겹혼인시키려는
이 계획은 일사천리로 진행되어 1615년 보르도에서 두 쌍의 어린아이들
이 각각 배우자를 만나 결혼했다.

이러한 카톨릭 국가와의 사돈정책은 신교도 귀족들의 원성을 사기에
충분했고, 또 자신의 측근들에 의지하여 왕권을 강화하려한 마리 드 메
디치의 정책은 프랑스 귀족사회를 들끓게 했다.

그것은 왕의 모후의 비호 아래 막강한 권력을 쥔 콘치노 부부의 전
횡(재정낭비로 프랑스 국고가 고갈되었고, 권력독식에 따른 매관매직이 성행함)

등 점점 그들의 비리가 드러나자 콩데공 앙리 2세(Prince Condé, Henri Ⅱ, 1588~1646)를 비롯한 느베르 공작의 반란 등이 잇달아 일어났다.

마리 드 메디치가 섭정으로 있으면서 실정을 거듭하고 있을 때 그녀의 아들 루이 13세는 어느덧 16살의 청년이 되었다. 루이 13세는 어려서부터 어머니 아버지와 떨어져 생제르맹 엉레 성(Château de Saint-Germain-en-Laye)이나 퐁텐블로 성(Château de Fontainebleau)에서 이복형제들과 함께 자랐다. 그는 예민하고 흥분을 잘하는 성격에 말을 더듬는 수줍은 아이였다.

루이 13세 초상화. 필립 드 샹페뉴 작

루이 13세는 어쩌다 궁을 방문한 아버지 앙리 4세의 손을 한시도 놓지 않고 따라다닐 정도로 아버지를 존경하고 사랑했다고 한다. 반면 차갑고 엄격한 어머니 마리 드 메디치와는 말도 별로 하지 않았고 냉랭하게 대했다고 하는데 이러한 모자지간의 소통의 부재는 결국 어른이 되어서도 전혀 교감이 없는 모자사이로 발전하게 되었다.

마리 드 메디치는 루이 13세가 성년이 되었음에도 불구하고 자신이 가진 권력을 아들에게 넘길 생각이 없었다. 그녀는 아들을 철저히 무시했으며 모든 정치에 아들을 배제시켰다.

루이 13세는 왕궁에서 유리된 채 자신의 총신들인 미소년 귀족들과 어울려 노는 것으로 소일했다. 후에 루이 13세가 친정을 하며 한 일련의 정책들이나 재상들을 기용하는 그의 능력은 아버지 앙리 4세와 견줄만한 것이었으나 그의 능력을 과소평가하고 몰라주는 것은 오직 어머니뿐이었다.

마침내 어머니 마리 드 메디치의 부패한 정치에 진저리가 난 루이 13세는 1617년 4월 24일 쿠데타를 일으켰다. 루이 13세는 자신의 근위대장인 비트리 후작 니콜라 드 로피탈(Marquis de Vitry, Nicolas de L'Hospital, 1581~1644)로 하여금 자신이 그토록 증오한 콘치노 콘치니를 사살하게 하고, 콘치노의 아내 레오노라 갈리가이는 체포한 후 마녀재판을 거쳐 그레브 광장(Place de Grève)에서 화형시켰다.

이렇게 하여 루이 13세의 친정이 시작되었다.

블로아 성(Château de Blois) 전경. 이곳에서 마리 드 메디치가 줄사다리에 의지하여 탈출하였다.

마리 드 메디치는 자신의 최측근들의 몰살과 함께 그녀 자신도 블로아 성(Château de Blois)으로 추방되었다. 이 쿠데타로 프랑스 국민들은 모자 사이가 안 좋다는 사실을 처음 알게 되었다. 이후 둘은 걷잡을 수 없을 만큼 관계가 악화되었고 급기야 모자간의 전쟁의 서막이 열리게 되었다.

1년 남짓 블로아 성에 갇혀있던 마리 드 메디치는 1619년 2월 22일 자신의 추종자들 특히 에뻬르농 공작(Duc d'Epernon, Jean Louis de Nogaret, 1554~1642)과 그가 보낸 기사들의 도움으로 40m의 줄사다리에 의지하여 블로아 성을 탈출했다. 이때 그녀의 나이 47세였다.

블로아 성을 무사히 빠져나온 마리 드 메디치는 기사들의 에스코트를 받으며 앙굴렘 성으로 피신했다. 어머니의 탈출 소식을 전해 들은 루이 13세는 리슐리외 (Cardinal de Richelieu, 1585~1642)를 보내 앙굴렘 조약을 체결하고 어머니와 화해 하고자 했다. 그러나 마리 드 메디치는 이 조약이 성에 차지 않아 지방의 귀족들 을 선동하여 다시 반란을 일으켰다.

그러나 오합지졸로 구성된 반란세력 들은 퐁-드-쎄 전투(Bataille des Ponts-

샹티이(Chantilly) 성 콩데 미술관에 있는 리슐리외 초상화

de-Cé, 1620)에서 국왕 군에게 패배하였고 이번에도 루이 13세는 어머니

와 반란에 가담한 귀족들을 용서해주었다. 그런 후 루이 13세는 어머니 마리 드 메디치가 계속 지방에 추방 상태로 있을 경우 끊임없이 음모를 꾸밀 것으로 판단한 리슐리외의 조언을 받아들여 어머니를 파리로 불러들였다. 파리로 돌아온 마리 드 메디치는 자신의 고향인 피렌체의 피티궁을 본 따 뤽상부르 궁(Palais de Luxembourg)을 건설하는 데 매진했다.

또한 그녀는 파리의 예술세계에 큰 역할을 담당하여 이탈리아 볼로냐 출신의 귀도레니(Guido Reni, 1575~1642)를 프랑스로 불러들였고, 아직 공사 중인 뤽상부르 궁의 1층 살롱을 장식하기 위해 앤트워프에서 루벤스

지금은 파리 시민들의
대표적인 휴식공간이 된

뤽상부르 궁

(Pierre Paul Rubens, 1577~1640)를 초빙해 '신격화된 마리 드 메디치의 생애의 연작'의 그림을 주문했다. 총 24점의 연작으로 구성된 이 그림은 현재 루브르 박물관에 전시되어있다.

1621년 루이 13세의 총신인 뤼느공작 샤를 달베르(Charles d'Albert, duc de Luynes, 1578~1621)가 죽자 리슐리외는 루이 13세와 마리 드 메디치의 화해를 위해 노력했다. 그리하여 리슐리외는 자신을 발탁했고 중용한 마리 드 메디치에게 빚을 갚고자 했다.

리슐리외의 충고를 받아들인 마리 드 메디치는 왕의 자문역할을 맡으

며 왕실에 복귀했다. 그리고 그녀는 왕의 보좌회의에 꾸준히 참석했다. 그러나 시간이 지날수록 모후인 자신보다 재상 리슐리외의 권력이 점점 커지는 것을 간과할 수 없었던 그녀는 어느 날 결심을 하고 뤽상부르 궁으로 아들 루이 13세를 불러들였다.

마리 드 메디치는 리슐리외의 퇴진을 요구하며 자신이냐, 리슐리외냐 선택하라고 왕에게 눈물로 호소했다. 권력은 나눌 수 없는 것이기 때문이다. 그때 마침 왕과 모후가 대화를 나누고 있던 방의 뒷문으로 리슐리외가 들어왔다. 루이 13세는 리슐리외를 보고 몹시 화난 표정으로 그에게 눈길도 주지 않은 채 방을 나가버렸다.

마리 드 메디치의 계획은 성공한 듯 보였다. 그녀의 측근들은 일제히 그녀에게 축하인사를 했으며 리슐리외의 실각은 기정사실로 보였다.

파리 북쪽 오아즈(Oise) 지방의 콩피에뉴 궁전(Château de Compiègne)의 정면 모습

그러나 다음날 루이 13세는 어머니 마리 드 메디치가 아닌 리슐리외를 불러 자신의 변함없는 신임을 확인시켜주었다. 이 사건은 후에 'Journée des Dupes(속은 자의 날)'이라 불리며 역사에 기록되고 있다.

마리 드 메디치는 늘 그래왔듯 아들의 심중을 꿰뚫어보지 못했다. 그녀의 몰락은 철저히 그녀의 탓이었다. 툭하면 막내아들 가스통을 끌어들여 명분 없는 음모사건에 연루시켰으며, 그때마다 두 사람을 용서해준 건 병약한 큰아들 루이 13세였다.

이제 마리 드 메디치는 더 이상 파리에 머물 수 없었다. 그녀의 일거수일투족은 감시당했으며, 행동에도 제약이 따랐다. 그녀가 야심차게 건설 중이던 뤽상부르 궁은 점점 고향 피렌체의 피티 궁의 모습을 갖추어가고 있었으나 마리는 말년을 아들 곁에서 편히 살 운명은 타고나지 못했나보다.

마리 드 메디치와 어린 루이 13세, 블로아 성

루이 13세가 왕비 안 도트리슈까지 대동하고 파리 북쪽 콩피에뉴 궁 (Château de Compiègne)으로 휴가를 가자고 했을 때 마리는 별 준비 없이 따라나섰다. 그리고 콩피에뉴에 도착한 지 나흘째 되는 날 새벽, 왕과 왕비는 급하게 파리로 되돌아갔다.

마리 드 메디치는 왕실근위병까지 모두 철수한 사실을 알고 벨기에로 탈출을 감행했다. 그녀는 에스파니아령 저지대의 통치자로 있던 외손녀 이자벨 도트리슈(Isabelle d'Autriche, 1566~1633)에게 구원을 요청해 군대를 이끌고 프랑스를 침략할 계획이었다. 그러나 그녀의 계획에 대해 이자벨 도트리슈는 난색을 표했다.

이 모든 것은 마리 드 메디치로 하여금 국외로 탈출을 감행하게 하여 영원히 외국으로 추방하기 위한 루이 13세의 계략이었다.

루이 13세는 원수국가인 에스파니아와 협력한 마리 드 메디치에게 왕비 자격을 박탈하고 그녀에게 지급되던 연금도 끊었다.

남편 앙리 4세 곁에 안치된 마리 드 메디치 심장

마리 드 메디치는 영국으로 건너가 막내딸 앙리에뜨-마리(Henriette-Marie de France, 1609~1669)에게 3년간 의탁했다. 그리고 갈 곳 없는 무일푼의 신세가 되어 마지막으로 찾아간 곳은 친구이자 그녀가 예전에 수많은 그림을 주문했던 화가 루벤스(Pierre Paul Rubens, 1577~1640)가 있는 앤트워프였다. 루벤스는 쾰른(Cologne)에 있는 자신의 생가에 마리의 거처를 마련해주었다.

12년간의 망명생활도 이제 막을 내릴 때가 다가오고 있었다. 1642년 6월경 중병에 걸린 마리 드 메디치는 그해 7월 3일 67세를 일기로 한 많은 생을 마감하고 숨을 거두었다.

1643년 3월 8일, 왕비의 장례식치고는 너무도 조촐한 장례미사를 마친 후 그녀의 유해는 생드니 사원(Abbaye de Saint-Denis)에 묻혔다. 그리고 33년 전에 사망한 남편 앙리 4세의 유언에 따라 그녀의 심장은 따로라 플레슈로 보내져 그곳 생 루이 교회에 안치되었다.

화려한 바로크 양식의 생 루이 교회 내부 모습

앙리 4세와 왕비 마리 드 메디치의 자녀들

1. 루이 13세(Louis ⅩⅢ, roi de France, 1601~1643)

루이 13세 초상화. 루벤스 작. 1622년

앙리 4세와 마리 드 메디치의 첫째 아들이다. 어려서부터 병약했던 루이는 부모와 떨어져 어린 시절을 보내면서 예민하고 침울한 아이로 자랐다. 8살에 왕위에 올랐으나 어머니의 섭정과 철저한 무관심 속에 왕궁에 방치된 채 또래의 남자 귀족들과만 어울리며 청소년기를 보냈다.

16살이 된 루이 13세는 부패와 무능으로 프랑스 왕국을 다스리던 섭정모후 마리 드 메디치와 그녀의 총신인 콘치노 부부를 제거하고 왕위를 차지하였다. 이로써 프랑스 역사상 처음으로 아들과 어머니의 권력싸움이 시작되었으며 루이 13세는 어머니와 남동생의 끊임없는 반역사건으로 통치기간 내내 속을 끓여야 했다. 게다가 그는 왕비 안 도트리슈와 사이가 좋지 않았고 둘 사이에 자녀마저 태어나지 않아 후계자 문제도 왕국의 커다란 걱정거리였다.

그러나 놀랍게도 결혼 23년 만에 장남 루이가 태어났으며 2년 후에는 차남 필립까지 태어나 모두가 걱정하던 부르봉 왕조의 대는 끊기지 않게 되었다. 루이 13세는 명재상 리슐리외를 등용하여 왕국내의 정치를 맡겼으며, 아버지가 내린 '낭트 칙령'을 폐지하고 신교도를 핍박하였다.

안 도트리슈 초상화. 루벤스 작. 1625년

　　루이 13세는 난봉꾼인 아버지 앙리 4세와 달리 주변에 정부들이 별로 없었으며 그녀들에게서 낳은 사생아도 없었다. 유일하게 그가 관심을 가졌던 여인들로는 어머니 마리 드 메디치의 시녀였던 마리 드 오뜨포르(Marie de Hautefort, 1616~1691)와 후에 앙젤리크 수녀로 불리는 루이즈 드 라파예뜨(Louise de La Fayette, 1618~1665)가 있다. 그러나 그녀들과도 루이 13세는 늘 일정 거리를 유지하며 플

파리 외곽에 위치한 생 제르맹 엉레 성

라토닉 사랑에 머물렀다.

1643년 5월 14일 루이 13세는 지병인 크론병이 악화되어 보름간 구토
와 설사로 고통받다 생 제르맹 엉레 성(Château de Saint-Germain-en-Laye)
에서 42세를 일기로 사망하였다.

그는 생드니 사원에 안장되었으며 그의 뒤를 이어 5살의 장남 루이가
루이 14세(Louis XIV, roi de France, 1638~1715)로 왕위에 올랐고 왕비 안 도
트리슈가 루이 14세의 섭정이 되었다.

2. 엘리자베스 드 프랑스(Elisabeth de France, 1602~1644)

앙리 4세와 마리 드 메디치의 첫째
딸이다. 엘리자베스는 퐁텐블로 성에
서 태어났으며 오빠 루이와 여동생
크리스틴과 같은 날 유아세례를 받았
다. 그녀의 대모는 에스파니아의 필
립 2세의 딸 이자벨 도트리슈가 되어
주었다. 엘리자베스가 어렸을 때부터
그녀의 부모는 딸의 결혼계획을 진
행하고 있었다. 상대가 에스파니아의

엘리자베스 초상화

필립 3세(Philippe Ⅲ, roi d'Espagne, 1578~1621)의 아들로 좁혀지자 아버지 앙리 4세는 적대국인 에스파니아의 왕세자를 사윗감으로 썩 내켜하지 않았으나 어머니 마리 드 메디치는 이 결혼계획을 매우 만족스러워했다고 한다.

마리 드 메디치의 외갓집이 합스부르크 왕가였기 때문이다.

앙리 4세가 암살당한 후 섭정모후가 된 마리 드 메디치는 총신 콘치노의 의견에 따라 자신의 아들과 딸을 에스파니아의 필립 3세의 아들 딸과 겹혼인시키는 2중 결혼을 진행하였다.

그리하여 양국의 왕자와 공주들은 프랑스의 보르도에서 각각 결혼식을 올렸다. 먼저 루이 13세가 1615년 11월 21일에 결혼식을 올렸고, 나흘 후인 25일에 엘리자베스가 결혼식을 올렸다.

엘리자베스는 프랑스에서 에스파니아로 시집간 두 번째 왕비다. 첫 번째 왕비 이름도 엘리자베스였는데 그녀는 앙리 2세와 카트린 드 메디치의 딸로 에스파니아의 필립 2세의 세 번째 왕비였다.

엘리자베스는 에스파니아의 필립 4세(Philippe Ⅳ, roi d'Espagne, 1605~1665)보다 3살 위였는데 그녀는 결혼 초 에스파니아의 궁정에서 격리되어 지냈다. 이유는 필립 4세가 결혼적령기에 한참 모자란 10살이었기 때문이었다.

적대국의 공주로서 남편과도 떨어져 지내야 했던 엘리자베스는 에스파니아 궁정 사람들의 차가운 시선을 견디며 필립 4세가 13살이 되기를 기다리며 힘든 궁정생활을 했다.

에스파니아의 필립 4세 초상화. 벨라스케스 작

1621년 시아버지 필립 3세가 사망하자 남편 필립 4세가 왕위에 올랐고 엘리자베스는 에스파니아의 왕비가 되었다. 왕비가 된 엘리자베스는 19살부터 거의 규칙적으로 아이를 낳기 시작했는데, 9명의 자녀 중 7명의 자녀들이 한 살을 넘기지 못하고 사망하였다. 일찍 죽은 자녀들은 엘리자베스의 슬픔의 원인이 되었다. 그녀는 어린 자녀들의 죽음과 거듭된 유산에 대하여 침묵 속에 고통을 감내해야 했으며 남편 필립 4세의 끊임없는 바람기로 인해 다른 정부들이 아이들을 낳는 것을 무기력하게 바라봐야 했다.

엘리자베스는 남편 필립 4세에게 사랑받기를 원했으나 필립 4세는 그녀에게 냉랭했다. 특히 남편의 정부였던 유명한 연극배우 마리아 칼

데롱(Maria Caldéron, 1611~1646)과의 스캔들은 궁정은 물론 에스파니아의 모든 국민들이 알 정도로 떠들썩했기 때문에 자존심이 상한 엘리자베스는 필립 4세에게 자주 투덜댔고 이 일로 부부는 언성을 높여 싸우는 일이 잦았다.

남편의 무관심과 시댁식구들의 냉대 그리고 거듭되는 유산과 태어나도 얼마 살지 못하는 자녀들에 대한 죄책감으로 엘리자베스의 삶은 점점 피폐해져 갔다.

그녀는 공식석상에서도 늘 슬픈 얼굴을 보였으며 매사에 의욕을 잃고 삶에 대한 열정도 잃어갔다. 그리고 바람둥이 남편에게 옮은 매독으로 자주 앓아누웠다.

엘리자베스의 살아남은 자녀는 단 두 명인데 다섯 번째 자녀인 아들 발타자르-샤를(Balthazar-Charles, 1629~1646)은 후에 에스파니아의 왕위계승자가 되었고 여덟 번째 자녀인 마리 테레즈(Marie Thérèse, 1638~1683)는 프랑스 루이 14세의 왕비가 되었다. 딸 마리 테레즈와 조카 루이 14세의 결혼은 생전에 엘리자베스가 간절히 원하던 일이었다고 한다.

엘리자베스는 1644년 10월 6일 마드리드의 궁에서 41세를 일기로 사망했다.

3. 크리스틴 드 프랑스(Christine de France, 1606~1663)

앙리 4세와 마리 드 메디치의 세 번째 자녀이며 딸로는 둘째이다. 아버지 앙리 4세가 암살당하던 해에 겨우 4살이었던 크리스틴은 오빠 루이와 언니 엘리자베스와 같은 날 세례를 받았다. 그녀의 대부는 로렌 공작 샤를이었으며 대모는 토스카나 대공 부인인 크리스틴이어서 아마도 크리스틴의 이름은 이 대모의 이름에서 따온 듯하다.

크리스틴 초상화. 1662년

1619년 13살의 크리스틴은 사보아 공작 빅토르-아메데(Victor-Amédée de Savoie, 1587~1637)와 샹베리에서 결혼했다. 빅토르-아메데 공작과 크리스틴은 20년 가까운 나이 차이에도 불구하고 부부사이가 좋았으며 1637년 남편 사보아 공작이 병으로 사망하자 크리스틴은 이제 막 3살이 된 어린 아들 샤를-엠마누엘을 대신해 공국의 섭정을 맡게 되었다.

사보아 공작 빅토르-아메데

그러자 성질 사나운 두 시동생 토마스 백작과 모리스 추기경이 그녀의 섭정을 반대하고 나섰다. 그러나 크리스틴에게는 프랑스 왕의 여동생이라는 든든한 배경이 있었고 또 루이 13세도 그녀의 섭정에 아무 문제가 없다는 것을 재차 확인해 주었기

때문에 토마스 백작과 모리스 추기경은 프랑스의 적국인 에스파니아에
도움을 요청하였다.

에스파니아의 원조를 등에 업고 사보아 귀족들을 포섭한 두 시동생이
공국 내에서 폭동을 일으킬 낌새를 보이자 크리스틴은 전쟁을 막기 위한
화해의 제스처로 13살 난 큰딸 루이즈 크리스틴(Louise-Christine de Savoie,
1629~1692)을 시동생인 모리스 추기경(Maurice de Savoie, 1593~1657)과 결
혼시켰다. 조카와 결혼한 모리스 추기경의 나이는 당시 49세였다.

크리스틴은 아들 샤를 엠마누엘을 그녀의 남동생인 가스통 도를레앙
의 둘째 딸 프랑소와즈 마들렌과 결혼시켰다.

그리고 그녀는 1663년 57세를 일기로 샹베리 궁에서 사망했다.

4. 가스통 드 프랑스(Gaston de France, 1608~1660)

앙리 4세와 마리 드 메디치의 다섯째 자녀
이며 아들로는 막내아들이다. 가스통은 태어
나면서 앙주 공작(Duc d'Anjou)이 되었으나
둘째 형이 4살에 죽음으로써 형의 작위인 무
슈 도를레앙(Monsieur d'Orléans)도 함께 물려
받았다.

블로아 성에 전시되어있는
가스통 초상화

가스통의 공식 작위는 앙주, 샤르트르, 발루아, 오를레앙, 알랑송 공작이며 블로아, 몽테리, 느무르 백작, 그리고 앙부아즈 남작이다.

그의 이름 가스통은 샤를 7세의 딸 마들렌 공주의 남편인 가스통 드 푸아에서 따온 것으로 가스통 드 푸아는 젊어서 죽는 바람에 나바르 왕이 되지는 못한 왕자였다.

가스통의 유아 세례식에서 그의 대모가 되어준 사람은 아버지 앙리 4세의 첫째 부인인 마르그리뜨 드 발로아(Marguerite de Valois, 1553~1615)였고 대부는 추기경 프랑소와 드 쥬아유스(François de Joyeuse)였다.

가스통은 조카 루이 14세가 태어나기 전까지 명실상부한 프랑스 왕실의 왕위 계승 서열 1위였다. 또 그는 조카 루이 14세의 동생 필립과 구분 지으려 후에 그랑 무슈(Grand Monsieur)로 명명되었다.

가스통은 교양 있고 세련된 사람이었으나 한편으로 우유부단하고 일관성이 없는 인물이었다. 그는 몸이 약하고 우울한 성격의 형 루이 13세와 달리 늘 활기찼고 궁정의 파티에도 자주 참석하는 등 활달한 성격의 소유자였다.

그는 형 루이 13세보다는 여러모로 어머니 마리 드 메디치와 마음이 잘 맞는 아들이었으며 외갓집의 기질도 이어받아 평생 여러 건의 음모에 가담하게 되는데 처음엔 형 루이 13세와 추기경 리슐리외를 추방하는 음모에, 다음은 형수 안 도트리슈와 추기경 마자랭을 몰아내는 음모에 각각 가담했었다.

그러나 가스통은 실질적이고 확고한 정치적 목적 없이 막연하게 계획된 일련의 음모사건에 여러 차례 발을 담금으로써 형의 눈 밖에 났고 또 이러한 계획은 그때마다 실패했었다.

가스통은 이런 역모사건이 사전에 발각되거나 반란이 실패할 때마다 함께 가담했던 귀족들의 이름을 폭로하고 자신은 살아남았으며 이런 불명예스러운 행동으로 인해 말년에는 진정한 편이 단 한 사람도 없었다.

가스통과 함께 역모를 도모하고 프랑스 왕 루이 13세에게 반역한 귀족들의 명단을 들여다보면 다음과 같다.

· 육군 총사령관 장 밥티스트 오르나노 후작(Jean Baptiste d'Ornano, 1581~1626)
· 루이 13세의 의상 담당 시종장 샬레 백작 앙리(Comte de Chalais, Henri, 1599~1626)
· 프랑스 해군대장 앙리 드 몽모랑시 공작(Henri de Montmorency, 1595~1632)
· 루이 13세의 총신 생크 마르스 후작(Marquis de Cinq-Mars, 1620~1642)

이런 대 귀족들은 가스통의 배신 내지는 그의 수수방관으로 인해 모두 아깝게 내란음모죄나 불경죄로 처형된 사람들이다.

또한 소문난 바람둥이였던 가스통은 두 번의 결혼을 했는데 첫 번째 결혼은 신부 측의 막대한 재산과 영지를 탐낸 리슐리외 추기경의 권고와 형 루이 13세의 강압으로 애정 없이 한 결혼이었고, 두 번째 결혼은 순전히 첫 번째 결혼에 대한 반항심리로 행한 연애결혼이었는데 형 루이 13

세는 동생의 이 비밀결혼을 끝까지 인정하지 않았다.

가스통의 첫 부인인 마리 드 부르봉(Marie de Bourbon-Montpensier, 1605~ 1627)은 몽팡시에 공작 앙리의 외동딸로 당시 프랑스에서 가장 부유한 공작녀였다. 그러나 마리는 결혼한 이듬해 루브르 궁에서 딸을 낳은 후 산욕열로 사망하였고, 그녀의 영지와 재산은 갓 태어난 딸 안

가스통 도를레앙과 첫 번째 부인 마리 드 부르봉의 결혼식을 묘사한 판화

마리 루이즈 도를레앙(Anne Marie Louise d'Orléans, 1627~1693)이 물려받았다. 그 후 가스통은 만토바 공작의 딸 마리 드 곤자가(Marie de Gonzague)와 결혼 협상이 오갔으나 만토바 공작의 거절로 실제 결혼은 무산되었다.

그러던 1630년 앙리 드 몽모랑시 공작의 반란이 실패하자 로렌(Lorraine) 지방으로 도망갔던 가스통은 그곳에서 로렌 공작 프랑소와 2세(Duc de Lorraine, François Ⅱ)의 딸 마르그리뜨(Marguerite de Lorraine, 1615~1672)를 보고 첫눈에 반해 둘은 비밀결혼을 했다.

가스통 도를레앙의 두 번째 부인 마르그리뜨 드 로렌 초상화

후에 이 사실을 안 루이 13세는 노발대발했지만 동생 가스통을 용서해주어 다시 파리로 불러들였다. 하지만 마르그리뜨는 파리에 입성하지 못하게 하였다. 당시 로렌 지방은 프랑스 왕실과 원수지간이었기 때문이다. 그래서 두 사람은 몇 년간 생이별을 할 수밖에 없었다. 가스통과 마르그리뜨는 슬하에 딸만 셋을 낳았으며 결과적으로 가스통은 아들 없이 전 처의 소생까지 합쳐 딸만 넷을 두었다. 1638년 미래의 루이 14세가 태어나자 그는 제1의 왕위서열에서 밀려나게 되었다.

또한 씀씀이가 헤펐던 그는 은행으로부터 신용을 잃어 돈줄이 막히는 바람에 자신의 영지인 블로아 성의 개축을 중단해야 했다. 이런 저런 일로 불만에 쌓여있던 그는 형 루이 13세의 총신 생크 마르스 후작의 반역 음모에 또다시 가담하였으나 다행히 목숨은 건졌다.

형 루이 13세가 사망한 후 섭정을 맡은 형수 안 도트리슈가 외국인 추기경을 국정에 끌어들이자 가스통은 또 여러 귀족들과 더불어 반란을 일으키는데, 이 프롱드의 난(La Fronde)이 실패로 돌아간 후 추기경 마자랭(Jules Mazarin, 1602~1661)에 의해 그는 1652년 블로아 성에 유폐되었다.

그곳에서 8년여를 지낸 가스통은 1660년 52세를 일기로 사망하였다. 그의 유해는 생드니로 옮겨져 매장되었으며 후에 루이 14세는 삼촌의 오를레앙 공작 작위를 자신의 동생 필립(Philippe d'Orléans, 1640~1701)에게 물려주었다.

어머니 마리 드 메디치를 닮아 예술적 안목이 깊었던 가스통은 정기적으로 예술가들을 후원했으며, 또 그 자신이 엄청난 수집가이기도 했다. 그가 주로 수집한 것들은 고대의 동전과 메달 등 주로 고대의 예술품이 주를 이루었다. 특히 묘비석과 고대 조각 작품, 그리고 수많은 고대의 서적들과 지도 수집에 일가견이 있었다.

1660년 그가 죽기 하루 전인 2월 1일에 작성한 유서에 따르면, 그는 자신의 모든 수집품들을 조카 루이 14세에게 물려준다고 썼다. 가스통 도를레앙의 이 막대한 수집품들 덕분에 오늘날 프랑스는 고대 그리스와 로마의 진귀한 물건들을 다량 소장할 수 있게 되었다.

5. 앙리에뜨-마리 드 프랑스(Henriette-Marie de France, 1609~1669)

앙리에뜨-마리는 앙리 4세와 마리 드 메디치의 여섯 번째 자녀이며 막내딸로 루브르 궁에서 태어났다. 아버지 앙리 4세가 암살당한 해에 생후 6개월이었던 그녀는 아버지에 대한 기억이 없이 어머니와 형제자매들의 사랑만으로 어린 시절을 보내야 했다.

1614년 6월 오빠 가스통과 같은 날 루브르 궁에서 거행된 그녀의 유아세례식은 큰언니인 에스파니아 왕비 엘리자베스가 대모가 되어주었고 대부는 프랑소와 로슈푸코(François Rochefoucauld) 추기경이 되어주었다. 앙리에뜨-마리는 자라면서 점점 어머니의 성향을 많이 닮아갔다고 한다. 독실한 카톨릭 신자인 그녀는 교양 있고 예술에 대한 안목이 넓었기 때문이다.

앙리에뜨-마리 초상화. 샌디에고 미술관 소장. 1636년

그녀가 결혼 적령기에 접어들자 오빠 루이 13세는 측근들에게 명령하여 그녀의 신랑감을 물색하고 있었는데 앙리에뜨-마리의 대부인 로슈푸코 추기경의 강력한 추천으로 장차 영국과 스코틀랜드의 왕이 될 왕세자 찰스 스튜어트가 물망에 올랐다.

그러자 프랑스 왕실에서는 걱정하는 목소리가 높아졌는데 그녀가 시집갈 영국은 신교도 국가였고 찰스 왕세자도 신교도였기 때문이었다. 그러나 결혼협상은 일사천리로 진행되어 마침내 협상의 구체적인 세부사항을 의논하기 위해 영국 측의 협상사절단 단장 자격으로 영국 왕 제임스 1세의 최측근인 버킹엄 공작 조지 빌리어스(George Villiers duc de Buckingham, 1592~1628)가 프랑스에 도착했다.

하지만 버킹엄 공작은 앙리에뜨-마리의 결혼 준비를 위한 신랑 측 협상자로서의 역할보다는 프랑스 왕비 안 도트리슈를 개인적으로 알현할

기회를 만들려고 더 정신이 팔려있어 정작 그는 협상 테이블에는 나타나지도 않았다고 한다.

그래서 가뜩이나 루이 13세와 왕비 안 도트리슈의 불화로 양 진영으로 나뉜 프랑스 궁정은 온갖 음모와 술책이 난무하던 중이었는데 한술 더 떠 버킹엄 공작과 왕비 안 도트리슈가 서로 애인 사이라는 불미스런 소문까지 나는 바람에 루이 13세의 노여움이 극에 달할 때쯤 버킹엄 공작이 결혼날짜를 받아들고 영국으로 돌아갔다.

1625년 6월 1일 영국의 왕이 된 25세의 찰스 1세(Charles Ⅰ, roi d'Angleterre, 1600~1649)는 16세의 프랑스 공주 앙리에뜨-마리와 켄터베리의 성 어거스틴 교회에서 성대하게 결혼식을 올렸다. 그러나 영국 국교회의 의식에 따라 카톨릭 신자인 앙리에뜨-마리는 왕비의 관을 쓸 수 없었다. 결혼한 직후 왕비 앙리에뜨-마리

찰스 1세 초상화. 앙트완 반 다이크 작. 1630년

는 남편 찰스 1세가 측근인 버킹엄 공작과 지나치게 가까이 지내는 통에 속을 많이 태웠다고 한다. 3년 후에 버킹엄 공작이 암살당한 후에야 그녀는 남편과 가까이 지낼 수 있었고 부부관계도 원만해졌다.

점점 앙리에뜨-마리는 남편에게 많은 영향력을 행사하고 있었다. 그녀는 남편에게 왕으로서 좀 더 권위적이고 중앙집권적인 정치를 하도록

주문했다. 그리고 그녀가 프랑스에서 데려온 신하들이 영국 궁정에서 발언권을 갖고 자유롭게 영국 궁정을 드나들게 해달라고 요구했다.

사실 찰스 1세는 카톨릭교에 대한 거부반응이 없는 인물이었으며 자신의 궁정에서 행해지고 있는 프랑스식 궁정예법에도 반기를 들지 않았다. 찰스 1세는 왕비에게 늘 너그럽게 대했으며 내심 그녀의 깊은 신앙심을 존경하고 있었다. 그러나 영국의회와 대다수 귀족들은 이러한 왕과 왕비의 행보를 거슬려 하고 있었다. 머지않아 카톨릭 교도인 왕비가 신교도인 그들의 왕을 개종시킬 것이라는 소문까지 나돌았다.

찰스 1세는 유순한 성품이었고 모두에게 친절했으며 권위적이고 딱딱한 성격과는 거리가 먼 사람이었다. 단지 자신이 자라온 환경에 맞추어 '왕권 신수설'을 신봉하는 한 국가의 왕이었다.

찰스 1세가 의회를 해산하는 등 청교도들을 압박하자 마침내 영국 의회의 결의에 따라 크롬웰(Oliver Cromwell, 1599~1658)이 이끄는 청교도와 찰스 1세가 이끄는 왕당파 간의 내전이 발발할 위기에 놓이자 1642년 왕비 앙리에뜨-마리는 친정인 프랑스에 자금과 군사요청을 하고자 비밀리에 도버해협을 건넜다. 그러나 오빠 루이 13세는 그녀에게 어떠한 원조도 해주지 않았다.

다시 영국으로 돌아간 왕비는 내전 중인 1644년 도피 중이던 시골의 허름한 초가집에서 막내딸 앙리에뜨를 낳았다. 출산의 피로에도 불구하고 그녀는 다시 프랑스로 떠나야 했다. 왜냐하면 런던 의회의 결정에 따라 그녀의 목에 5만 에퀴의 현상금이 걸려 있었기 때문이다.

1649년 1월 30일 망명중인 프랑스에서 앙리에뜨-마리는 남편 찰스 1세의 처형소식을 들었다. 사랑하는 남편을 잃고 아직 어린 아이들과 함께 남겨진 앙리에뜨-마리는 슬픔 속에서 하루하루를 지냈다.

앙리에뜨-마리는 프랑스 왕실에서 푸대접을 받으며 망명생활을 했다. 그녀는 아이들과 함께 파리 근교 콜롬브의 작은 궁에 기거하고 있었는데 궁에는 변변한 가구도 없이 침대만 덩그러니 있었다고 한다. 방을 데울 장작을 살 돈이 없어 하루 종일 침대에서 나오지 못한 적도 많았다. 올케 안 도트리슈와 재상 마자랭은 그녀의 비참한 생활을 나몰라라 했다.

세월이 흘러 바다 건너 영국에서 기쁜 소식이 들려왔다. 1660년 '왕정복고'로 앙리에뜨-마리의 장남 찰스가 영국 왕이 되어 본국으로 돌아가게 된 것이다. 그녀도 아들의 대관식에 참석하기 위해 영국 땅을 다시 밟았다. 그리고 그녀는 그토록 꿈에 그리던 남편 찰스 1세의 무덤이 있는 윈저성의 성 조지 예배당을 찾아 참배했다. 그러나 이미 너무 많은 불행을 겪어 심신이 약해진 앙리에뜨-마리는 영국의 습기 많은 날씨를 더 이상 견뎌낼 수 없었다.

그녀는 프랑스로 돌아와 자기 소유의 샤이요 수도원으로 들어가 여생을 보내기로 결심했다. 잦은 병치레로 불면증에 걸려 고통 받는 앙리에뜨-마리의 소식을 전해 들은 조카 루이 14세는 자신의 주치의들을 고모가 있는 콜롬브 궁에 보내주었다. 그녀는 평소 누군가 자신을 음독 암살시킬까봐 늘 두려워했었다고 한다. 그러던 1669년 9월 10일, 의사들이 그녀에게 아편이 들어있지 않으니 안심하라며 물약을 건네주었다. 하지만 마시고 몇 시간 후 사망했다고 한다.

루이 14세의 명으로 그녀의 유해는 생드니로 옮겨졌고 그녀의 심장은 샤이요의 성모 방문 수도원(Couvent des Visitandines de Chaillot)으로 보내졌다.

앙리에뜨-마리의 두 아들 찰스 2세(Charles Ⅱ, roi d'Angleterre, 1630~1685) 와 제임스 2세(James Ⅱ, roi d'Angleterre, 1633~1701)는 차례로 영국의 왕이 되었으며 막내딸 앙리에뜨(Henriette d'Angleterre, 1644~1670)는 루이 14세의 동생 필립 도를레앙(Philippe d'Orléans, 1640~1701)과 1661년 결혼했다.

찰스 1세와 왕비 앙리에뜨
-마리 그리고 아들 찰스와
딸 엘리자베스 가족화.
앙트완 반 다이크 작

2.

바틸드

(Bathilde, 630~680)

"잉글랜드의 노예시장에서 팔려와 프랑스 왕비가 된 소녀"

SAINTE BATHILDE
REINE DE FRANCE
680

메로빙거 왕조의 클로비스 2세의 왕비 바틸드에 관한 기록은 전해지는 내용이 많지 않다. 따라서 우리는 760년경 메로빙거 왕조에 대해 역사상으로 처음 기록한 프랑스 출신의 연대기 작가 프레데게르(Frédégaire, ?~?)가 바틸드에 대해 언급한 문서에 전적으로 의존할 수밖에 없다.

바틸드의 출신에 대해서는 여러 의견이 분분하다. 그녀가 원래 프랑스 귀족 출신이었는데 바이킹 족에 납치되어 잉글랜드에 포로로 잡혀갔다가 그곳 노예시장에서 다시 프랑스로 팔려왔다고도 하지만, 어쨌든 프레데게르의 연대기에는 바틸드가 잉글랜드 출신으로 요크(York)의 노예시장에서 프랑크 왕국으로 팔려온 노예신분이라는 것은 정확하게 기록되어 있다.

요크의 노예시장에서 이 노예소녀를 사서 프랑스로 데려온 사람은 당시 프랑크 왕국의 궁재(Maire de Palais)로 있던 에르키노알드(Erchinoald, ?~658)였다. 이렇게 팔려온 노예소녀 바틸드는 에르키노알드의 집에서 그의 물시중을 드는 하녀로 지내게 되었다.

그러던 어느날 에르키노알드의 아내가 병으로 죽자 그는 아직 소녀였던 바틸드를 자신의 아내로 삼으려 했다고 한다. 그의 검은 속을 눈치 챈 바틸드는 그 집에서 급히 도망쳐 나와 근처 숲으로 숨었다. 그러나 얼마가지 못해 에르키노알드의 하인들에게 붙잡혀 다시 그의 집으로 돌아갔다.
바틸드의 용감한 행동에 마음을 돌린 에르키노알드는 그녀를 자신의 수양딸로 삼고 그녀가 성인이 될 때까지 그녀의 보호자가 되어주었다.

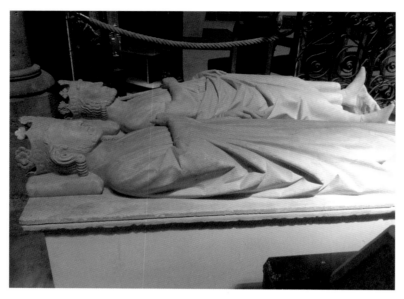

생드니 사원(Abbaye de Saint Denis)에 잠들어 있는 클로비스 2세의 횡와상.
위쪽은 샤를 마르텔이고 앞쪽이 클로비스 2세이다.

생드니 사원에 있는 프랑스 역대 왕들의 명패

세월이 흘러 아리따운 처녀로 성장한 바틸드는 에르키노알드의 주선으로 프랑크 왕 클로비스 2세(Clovis II, 635~657)에게 소개되었다. 지금까지의 서술로 미루어보면, 자신이 노예시장에서 사와서 키운 하녀(후에는 수양딸)를 자신의 주군인 왕에게 왕비로 추천할 정도로 당시 에르키노알드의 권력이 얼마나 막강했나를 알 수 있다.

또 하나는, 에르키노알드가 폭군이 아니고 비교적 궁재 일을 충실히 했었던 성실한 인물이었다는 기록으로 보아 그는 오랜 시간 지켜본 하녀 바틸드의 인성이나 그녀의 독실한 신앙심을 높이 샀고 그래서 그녀가 충분히 프랑크 왕국의 왕비감으로 자격이 있다고 생각했던 듯하다.

그리고 아무리 권력 없는 명분뿐인 왕이었다고 해도 클로비스 2세는 잔인하고 폭력적인 성향의 왕들이 대부분이었던 메로빙거 왕조의 혈통을 이어받은 인물이었다. 그런 그가 아무 저항 없이 자신의 궁재의 수양딸을 아내로 받아들인 데는 그녀가 경건한 신앙심을 지닌 정숙한 여인임은 차치하고라도 그녀가 굉장한 미인이었으며 매우 독특한 카리스마를 지녔을 것은 의심의 여지가 없다.

클로비스 2세와 바틸드는 649년 당시의 왕궁이 있던 클리시(Clichy)에서 결혼식을 올렸다. 당시 바틸드는 20세 전후였고 클로비스 2세는 15세였다. 결혼 후 바틸드는 차례로 세 아들을 낳으며 프랑크 왕국의 왕비로서 행복한 궁정생활을 영위하였다. 그녀의 아들들은 장남 클로테르 3세(Clotaire III, 652~673)가 652년생이고, 차남 실데리크 2세(Childéric II,

655~675)는 655년생, 그리고 막내아들 티에리 3세(Thierry Ⅲ, 657~691)는 657년생이다.

역대 메로빙거 왕조의 왕과 그 형제들은 하나같이 형제간의 골육상잔을 거치며 서로의 왕국을 빼앗으려 죽고 죽이는 패륜들을 아무렇지 않게 저질렀으나 바틸드의 세 아들들은 매우 드물게 형제간에 서로 우애가 깊었다. 막내아들인 티에리 3세가 자신이 왕으로 있는 네우스트리(Neustrie) 왕국의 귀족들의 반란으로 형 실데리크 2세의 왕국으로 도망쳐왔을 때 실데리크 2세는 동생 티에리 3세를 생드니 사원에 숨겨주기까지 했다.

한편, 바틸드의 남편 클로비스 2세는 635년에 프랑크 왕국의 위대한 왕 다고베르 1세(Dagobert Ⅰ, 602 또는 605~639)와 그의 세 번째 부인 낭틸드(Nantilde, 610~642) 사이에 외아들로 태어났다.

클로비스 2세의 아버지 프랑크 왕 다고베르 1세

클로비스 2세는 아버지 다고베르 1세가 639년에 사망하면서 겨우 4살의 나이에 프랑크 왕으로 즉위하였다. 그래서 그의 어머니 낭틸드가 어린 아들을 대신해 섭정을 하였는데 낭틸드는 남편 다고베르 1세 때부터 궁재 일을 맡고 있던 명재상 에가(Ega, ?~642)의 도움을 받아 왕국을 평화롭게 다스렸으나 섭정 3년 만에 그녀는 부르고뉴에서 돌연 사망하였다.

그렇게 하여 클로비스 2세는 4살에 아버지를 여의고 7살에 어머니마저 여의어 고아가 되었으며 그때부터 왕국의 모든 국정은 나이 많은 궁재들의 손아귀에 놓이게 되었다.

클로비스 2세는 '무위 왕' 또는 '게으름뱅이 왕'이라는 불명예스러운 닉네임으로 오늘날까지 불리고 있다. 그것은 그가 일찍 죽기도 했지만 18년간이라는 긴 재위기간을 지냈어도 워낙 어린나이에 왕이 되었기 때문에 어려서부터 궁재들이 정사를 보는 것을 당연히 여기고 왕인 자신은 네 마리의 황소가 끄는 마차를 타고 가끔씩 왕궁 행차에나 모습을 보이며 대부분의 시간을 사냥으로 소일하며 지냈기 때문에 붙여진 별명이었다.

그러나 다행히 클로비스 2세의 재위기간 동안은 유능한 궁재들 덕분에 전쟁이나 반란, 또는 왕의 첩들 간의 싸움 등이 없이 왕국의 번영과 평화가 공존하던 태평성대의 시절이었다. 따라서 클로비스 2세가 무위왕으로 불렸다는 건 그만큼 왕국이 평안했다는 증거이다.

엄청난 신분 차이를 넘은 바틸드와 클로비스 2세의 사랑은 클로비스 2세의 사망 시까지 이어졌다. 역대 메로빙거 왕들의 궁정은 하렘을 방불케 하는 왕의 처첩들 간의 폭력과 무질서와 살인이 난무하던 곳이었다.

그러나 클로비스 2세는 왕비 바틸드 외에 어떠한 첩도 두지 않았고 사생아도 없었다.

아마도 클로비스 2세는 바틸드를 아내 이상의 여인으로 생각했던 듯하다. 그는 바틸드에게 늘 경외심을 갖고 대했으며 그녀의 자애로운 성품을 본받고자 했다. 그래서 클로비스 2세는 아내가 제안한 수많은 수도원 건립사업에 기꺼이 동참했으며 바틸드가 원하면 흔쾌히 왕국의 토지를 하사하여 당시로서는 상당한 규모의 수도원들을 차례로 건축해 나갔다.

클로비스 2세는 점점 바틸드의 신념과 사상에 동화되었다. 그는 자신의 나약한 성격을 잘 알고 있었으므로 바틸드의 신념에 가득 찬 추진력을 부러워했다. 어린나이에 부모를 잃고 주변의 통제 없이 자칫 천방지축의 인물이 되어갈 가능성이 농후한 환경에서 클로비스 2세는 아내 바틸드의 영향으로 점점 백성을 긍휼히 여기며 절제된 삶을 살 줄 아는 왕이 되어갔다.

클로비스 2세는 왕비 바틸드를 대동하고 왕궁 순례하는 것을 가장 좋아했다. 그는 행차도중 거리에서 가난한 사람들을 발견하면 끌고 다니던 돈 궤짝에서 돈을 꺼내 그들에게 아낌없이 나눠주었다.

그래서 그는 '게으름뱅이 왕'과 더불어 '가난한 자들의 아버지'라는 별칭도 함께 얻었다. 이 '가난한 자들의 아버지'란 별칭은 그가 왕비 바틸드의 남편이 아니었다면 결코 얻을 수 없는 별명이었다.

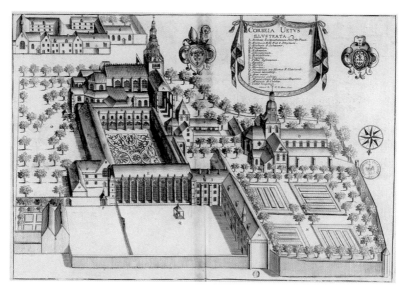

아미앵(Amiens) 북쪽에 건설된 코르비 남자수도원. 프랑스혁명 때 폐쇄되었다.

한편 독실한 기독교인이었던 왕비 바틸드는 남편 클로비스 2세에게 간청하여 아미앵 북쪽 땅을 하사받아 그곳에 코르비 남자수도원(Abbaye de Corbie, 657)을 건립하였다. 그리고 클리시 근방에 셸르 여자수도원 (Abbaye de Chelles, 657)도 건립하였다. 그녀가 왕비로 있던 기간 동안 바틸드는 무려 13개의 수도원 및 교회의 건설과 수도원의 증·개축 등의 보수작업을 명령하였다. 그리하여 바틸드는 역대 프랑스 왕비들 중 수도원과 교회를 가장 많이 건설한 왕비로 기록되고 있다.

657년 10월 초에 신하들과 사냥을 마치고 돌아온 클로비스 2세는 감기 기운으로 몸져누웠고 그것이 급격히 폐렴으로 악화되어 10월 31일 클리시 궁에서 사망하였다. 그의 나이 22세였고 재위기간은 18년이었다. 클로비스 2세는 생드니 사원에 있는 아버지 다고베르 1세 곁에 묻혔다.

바틸드는 신분을 넘어 자신을 끝까지 사랑해주고 존중해 주었던 사랑하는 남편의 죽음으로 깊은 슬픔에 잠겼지만, 곧 심신을 가다듬고, 어린 아들들을 위해서 굳건한 정신력으로 그녀의 계획들을 수립해 나가야 했다. 연대기 작가 프레데게르의 기록에도 "왕비는 신중한 성격에 기품 있는 언행으로 이미 당대에도 많은 사람들에게 존경을 받았다"고 되어 있다.

바틸드는 처음에는 왕국이 분열되는 것을 막기 위해 첫째 아들 클로테르 3세를 통합 왕으로 삼고 섭정을 했으나 얼마 지나지 않아 아우스트라지아(Austrasie)의 귀족들이 자기들의 왕을 따로 세우라며 반란을 일으키자 그녀는 하는 수없이 왕국의 평화와 통합을 위해 둘째 아들 실데리크 2세를 아우스트라지아의 왕으로 세우는 것에 동의했다.

바틸드의 섭정시절 그녀의 조력자들은 대부분 성직자들이었다. 이미 다고베르 1세 재위시절부터 왕국의 재정담당을 맡고 있던 노와용주교 생 엘루아(l'Evêque de Noyon Saint Eloi, 588~660), 그리고 바틸드의 제1 참모격인 루앙주교 생 투앙(l'Evêque de Rouen Saint Ouen, 603~686), 그리고 파리주교 크로도베르트(l'Evêque de Paris Chrodobert, ?~?) 등이 그들이다.

그녀는 이들에게 늘 조언을 구했으며 그들의 충고나 정책을 실천해 나가려 애썼다. 바틸드가 섭정시절에 수도원 건립만큼이나 힘을 쏟았던 정책이 있었으니 그것은 바로 애민 정치였다.

그녀는 프랑크 왕국내의 기독교인 노예들을 해외로 파는 것을 금지했다. 또 국내에서의 노예매매도 원칙적으로 금지했다. 그리고 외국에서 잡혀온 포로들은 다시 사들여 자유의 몸이 되게 해주었다.

또한 가족구성원 수에 따라 내는 세금 제도인 인두세가 두려워 신생아가 태어나도 죽게 내버려두는 비참한 대다수 국민들의 삶을 개탄하면서 과중한 세금을 내지 못해 감옥에 갇힌 많은 가장들을 석방시켜 주었다.

그러나 이러한 그녀의 선정에도 불구하고 바틸드의 섭정기간은 10년이 채 못 되어 막을 내리게 된다. 바틸드가 갑자기 섭정자리에서 내려와 궁재 에브루앙(Ebroïn, ?~681)에게 모든 정사를 맡기고 어린 아들 곁을 떠난 것은 지금도 확실한 이유를 알 수 없지만 당시 그녀의 최측근이었던 파리주교 시즈브랑(Sigebrand, ?~665)이 암살당하는 등 점차 그녀의 주변 상황이 폭력적으로 변해갔던 건 사실이었다.

아마 바틸드는 악명 높은 궁재 에브루앙에 의해 살해 위협을 받았거나 자신의 의지와 상관없이 무절제한 상황으로 치닫는 남자들의 권력다툼에 염증을 느끼고 있었는지도 모른다.

마침내 바틸드는 자신의 거취에 대해 용단을 내렸다. 자신이 지은 셸르 여자수도원으로 은퇴하기로 마음먹은 것이다. 바틸드는 곧 수녀가 되

셸르(Chelles) 여자수도원

었고 자신의 오랜 친구이자 셸르 여자수도원의 초대원장인 베르틸(Bertille de Chelles, ?~710)을 비롯한 다른 수녀들을 겸손히 섬기면서 무엇보다 가난한 사람들을 구제하는 일에 전념하며 조용히 지냈다.

680년 또는 681년경 중병에 걸린 바틸드는 1월 30일 50세를 일기로 사망하여 그녀의 유언대로 셸르 여자수도원 근처 성 십자가 교회의 성가대 뒤쪽 깊은 곳에 매장되었다. 바틸드는 11세기에 교황 니콜라스 2세에 의해 성녀로 선포되었다. 그녀의 축일은 매년 1월 30일이다.

바틸드의 섭정시기에 증축을 한 투르(Tours)의 생 마탱 바실리크(Basilique Saint Martin) 성당

바틸드의 섭정시기에 증축한 오를레앙(Orléans)의 생 테냥(Basilique Saint-Aignan) 성당

바틸드에 관한 전설

　잉글랜드의 수도승 에티엔 드 리퐁(Etienne de Ripon, ?~?)이 저술한『성
윌프리드의 생애』에 보면, 그는 바틸드를 제2의 이세벨(Jézabel)로 칭하
면서 성녀로 칭송이 자자한 그녀의 업적을 뒤엎는 전혀 다른 이야기를
전하고 있어 흥미롭다.

　* 이세벨은 구약성경 최대의 악녀로 원래 시돈(지금의 레바논 지역)의 공주였다. 그
　　녀는 빼어난 미모로 이스라엘 왕 아합(Achab)과 결혼하여 이스라엘의 왕비가
　　되었는데 그녀는 왕비시절 선지자 엘리야(Eli)를 극심하게 핍박하였으며 결혼하
　　면서 고향 시돈에서 가져온 바알신(Baal)과 아스다롯(Astarté) 여신상을 위해 이
　　스라엘 곳곳에 산당을 짓고 이스라엘 백성들에게 그 신들을 믿도록 강요하였다.
　　이세벨은 또한 나봇이라는 사람의 아름다운 포도밭을 탐내 남편 아합을 부추겨
　　나봇을 죽이고 그의 포도밭을 빼앗은 일로 여호와 하나님의 노여움을 샀으며,
　　남편 아합이 죽은 후, 반역을 일으킨 이스라엘 군대장군 예후에 의해 산 채로 궁
　　전 창문 밖에 던져졌고 그녀의 시체는 선지자 엘리야의 예언대로 개들이 뜯어먹
　　었다고 전해지는 전설적인 요부이다.

　『성 윌프리드의 생애』의 6장에는 잉글랜드 요크 출신의 젊은 수도
사 윌프리드가 프랑스로 건너가 리옹 주교 달피누스(Ennemond de Lyon,
?~657) 밑에서 3년 동안 교육을 받고 있었는데 당시 9명의 주교들이 처

형되는 사건에 스승 달피누스도 연루되어 있었기 때문에 겁에 질린 윌프리드는 고향 잉글랜드로 도망쳐야 했다고 기록하고 있다. 이 달피누스는 성 엔느몽일 것이고 657년경 처형되어 순교했다는 기록이 남아있다. 그때는 바틸드가 섭정으로 있던 시기였다.

또 선덜랜드 출신의 수도사 거룩한 베드(Bède le Vénérable, 673~735)가 쓴 『잉글랜드인 성직자들의 역사』에도 바틸드의 지시로 달피누스가 목이 잘렸다고 정확히 기록하고 있다. 그러나 여러 명의 주교를 처형한 왕비를 성녀로 추앙했음은 심히 의심스러운 일이 아닐 수 없다. 그래서 현대의 역사가들은 이 주교들을 처형한 주범으로 당시 프랑크 왕국의 궁재를 맡고 있던 악명 높은 에브루앙이 유력하다고 보고 있다.

또 클로비스 2세 가족들에 대한 황당한 전설 하나를 소개하자면, 클로비스 2세가 성지순례를 떠난 사이 그의 아들 두 명이 반란을 일으켰다. 이 사실을 전해 들은 클로비스 2세가 성지에서 부랴부랴 돌아와 부자간의 전쟁이 벌어졌는데 아버지 클로비스 2세가 이 내전에서 이겨서 아들들을 생포하였다.

클로비스 2세는 왕비 바틸드에게 이 아들들을 어떻게 죽일까 의논하니 바틸드는 죽이지는 말고 대신 다시는 아버지에게 반역을 못하도록 무릎의 힘줄을 끊으라고 했다는 것이다. 당시 이 형벌은 중세의 반역자에 대한 보편적인 형벌이었다.

결국 다시는 일어나 걸을 수 없게 만든 아들들을 뗏목에 태워 왕과 왕비가 세느강에 버려두었다고 한다. 이 뗏목은 정처없이 흘러 세느강 상류에 위치한 쥐미에쥬 수도원(Abbaye de Jumièges) 근처에 표류하였고 그곳 수도사들에 의해 구조된 형제들은 그 수도원에서 지내게 되었다. 뒤늦게 이 사실을 전해 들은 클로비스 2세와 왕비 바틸드는 수도사들에게 아들들을 잘 보살펴 줄 것을 당부하며 이 수도원에 막대한 돈을 기부했다고 한다.

사실 이 쥐미에쥬 수도원은 당시 프랑스에서 가장 부유한 수도원이었다. 그리고 지금도 'Enervés de Jumièges(쥐미에쥬의 형벌자들)'이라는 전설이 내려오고 있다. 이것은 아마도 클로비스 2세와 바틸드가 기부한 엄청난 돈으로 막대한 재력을 뽐낸 쥐미에쥬 수도원을 시기한 주변 수도원에서 퍼뜨린 소문일 가능성이 많다. 또한 이 전설이 근거 없는 이유로는, 클로비스 2세는 성지순례를 떠난 적이 없고 클로비스 2세가 사망했을 때도 큰아들 클로테르 3세는 고작 5살이었기 때문이다.

'쥐미에쥬의 형벌자들
(Enervés de Jumièges)'
에바리스트-비탈 뤼미네 작.
(Evariste-Vital
Luminais, 1821~1896)
루앙 미술관 소장

클로비스 2세와 왕비 바틸드의 자녀들

1. 클로테르 3세(Clotaire III, 652~673)

클로테르 3세 시대의 금화

클로비스 2세와 바틸드의 첫째 아들이다. 그는 아버지의 사망으로 5살의 나이에 네우스트리와 부르공디를 물려받았다. 초기에는 어머니 바틸드가 그를 대신해 섭정을 하였으나 664년 돌연 바틸드가 섭정을 거둔 채 수도원으로 은퇴하자 왕국은 궁재 에브루앙의 손에 넘어갔다.

클로테르 3세는 결혼하지 않은 채 673년 20살의 나이로 사망했다. 그의 사후 왕국은 동생 티에리 3세가 물려받았다.

2. 실데리크 2세(Childéric, 655~675)

  클로비스 2세와 바틸드의 둘째 아들이다. 그는 8살에 아우스트라지아
를 물려받았다. 그리고 673년부터 675년까지 통합 프랑크 왕국의 왕으
로 있었다. 그의 재위기간 동안 월포알드(Wulfoald, ?~676)가 궁재직을 맡
고 있었다. 실데리크 2세는 동생 티에리 3세가 그의 신하들의 반란으로
피신해 와있을 때 그를 보호해주었다.

  674년 실데리크 2세는 이복사촌 빌리실드(Bilichilde, 654~675)와의 결
혼을 주교가 승인해 주지 않자 그를 수도원에 감금시켰다. 그러나 역사
가들은 실데리크 2세가 관대하고 경건한 사람이었다고 기록하고 있다.
  675년 프랑크 귀족 출신인 보딜롱이 주모하여 실데리크 2세를 제거할
음모를 꾸몄다. 셸르 근처의 리브리(Livry) 숲에서 친구 앙고베르와 아말
베르를 데리고 사냥 나온 실데리크 2세와 당시 임신 중이던 왕비까지 이
역모 사건으로 모두 죽임을 당했다. 당시 실데리크 2세는 20살밖에 되지
않았고 아들도 없었다. 그의 사후 아우스트라지아는 동생 티에리 3세가
물려받았다.
  1656년 파리 생 제르맹 데프레 교회(Eglise Saint-Germain-des-Prés)의 바
닥 공사 중에 고딕스타일의 묘석이 다수 발견되었다. 그중 굉장히 고급
스러운 대리석 관도 있었는데 인부들이 관속을 청소했을 때 머리가 놓인
쪽 방향에서 'CHILDR REX'라고 새겨진 글이 발견되어 학자들에 의해 실
데리크 2세의 관으로 판명이 났다.

이 실데리크 2세의 묘석은 함께 발굴된 실드베르트 1세, 실페리크 1세, 클로테르 2세, 그리고 프레데공드의 석관과 함께 생드니로 옮겨져 현재까지 보관되어 오고 있다.

실데리크 2세의 석관이 발견된 파리 생 제르맹 데프레 교회(Eglise Saint-Germain-des-Prés) 내부 모습

3. 티에리 3세(Thierry III, 657~691)

클로비스 2세와 바틸드의 셋째 아들이다. 티에리 3세는 673년 큰형 클로테르 3세로부터 네우스트리를 물려받았으며 2년 후에는 둘째 형 실데리크 2세로부터 아우스트라지아를 물려받아 통합 프랑크 왕이 되었다.

블랑슈 드 카스티유

(Blanche de Castille, 1188~1252.11.27.)

"루이 9세를 위대한 성군으로 길러낸 냉정한 여장부"

BLANCHE DE CASTILLE
REINE DE FRANCE
1188 1252

팔렌시아의 성 안토니오(Cathédrale Saint Antoine) 성당

　블랑슈 드 카스티유는 1188년 3월 4일 카스티유 왕국의 팔렌시아 성 (Château de Palencia)에서 태어났다. 그녀의 아버지는 카스티유 왕국의 알폰소 8세(Alphonse 8 de Castille, 1155~1214)이고 어머니는 잉글랜드 공주 알리에노어(Aliénor d'Angleterre, 1161~1214)이며 블랑슈는 부부의 12명의 자녀 중 5번째 자녀이다.

　블랑슈의 아버지 알폰소 8세는 어린나이에 부모를 모두 여의고 고작 3살의 나이에 왕위에 올랐는데 삼촌들 간의 권력다툼으로 야기된 내전에서 아버지의 충신들에 의해 간신히 빼돌려져 왕궁에서 멀리 떨어진 곳에서 어린 시절을 보냈다. 그는 20살이 다 되어서야 섭정이었던 삼촌 레온 왕국의 페르디난드로부터 수도 톨레도를 접수하고 왕위에 올랐다.

카스티유 왕국의 문장

알폰소 8세는 매우 덕망이 높고 유능한 군주로 카스티유 왕국을 부강하게 만든 왕이었다. 그는 재위기간 동안에 에스파니아에 처음으로 대학을 설립하였고(팔렌시아 대학) 무어인들로부터 생 자끄 콤포스텔라로 가는 순례자들을 보호하기 위해 '알칸타라 기사단(Ordre d'Alcantara)'을 창설하기도 했다.

블랑슈의 어머니 알리에노어는 잉글랜드 왕 헨리 2세(Henri Ⅱ d'Angleterre, 1133~1189)와 왕비 아키텐의 엘레오노르(Aliénor d'Aquitaine, 1124~1204)의 8명의 자녀 중 여섯 번째 자녀로 태어났다. 그녀는 부모의 영지가 있는 노르망디의 동프롱 성에서 많은 형제자매들과 지냈으나 그녀가 가족들과 지낸 행복한 유년시절은 너무 짧았다. 알리에노어의 어머니 엘레오노르는 자신의 영지인 아키텐의 코앞에서 아라곤 왕국과 툴루즈 백작이 동맹을 맺자 그들을 견제하기 위해서

블랑슈 드 카스티유의 아버지
카스티유 왕 알폰소 8세

딸 알리에노어를 카스티유의 왕 알폰소 8세와 정략결혼을 시켜야 했다.

당시 8살이던 알리에노어는 어머니의 뜻에 따라 언제 다시 볼 수 있을지 모를 부모, 형제와 헤어져 혈혈단신 에스파니아로 가는 배에 올랐다. 언어도 음식도 관습도 다른 카스티유 궁정에서 아직 어린아이인 알리에노어는 그곳의 궁정예법을 배우며 가족에 대한 그리움으로 밤마다 베개를 적셨을 것이다.

다행히 알리에노어의 남편 알폰소 8세는 매우 자상한 남편이었으며 이 부부는 평생 서로 사랑하며 국민들로부터 존경을 받는 부부로 살았다. 특히 왕비 알리에노어는 매우 아름다운 얼굴에 검소한 성품으로 왕국에서 칭송이 자자했다고 동시대 역사가는 기록했다.

블랑슈가 어린 시절을 보낸 카스티유 왕국의 팔렌시아 궁은 당시 유럽에서 가장 문화적이고 교양 있는 궁정으로 이름을 날렸는데, 왕비는 많은 음유시인들을 후원하여 궁정문학을 활성화시켰으며 교양 있는 귀부인들의 참여를 독려하기 위해 궁정에서 문학 살롱을 자주 열었다.

알리에노어 왕비는 모두 10명의 자녀를 낳았는데 그중 4명의 딸들이 모두 왕비가 되었다. 첫째 딸 베렝제르(Bérengère)는 레온 왕국의 알폰소 9세의 왕비가 되었고, 둘째 딸 유라까(Urraque)는 포루투갈의 알폰소 2세의 왕비가 되었으며, 넷째 딸 블랑슈(Blanche)는 프랑스 왕 루이 8세의 왕비가 되었고, 다섯째 딸 알리에노어(Aliénor)는 아라곤 왕국의 자끄 1세의 왕비가 되었다.

자애로운 부모 밑에서 자란 블랑슈의 유년시절은 더할 나위 없이 행복했다. 그녀는 많은 형제들 중에서도 특히 두 살 위의 언니 유라까와 가장 친했는데 둘 다 대단한 미모의 소유자였다고 한다.

어느 날 블랑슈는 언니 유라까와 함께 외할머니 엘레오노르 다키텐의 방문을 받고 접견실로 불려나갔다. 언니 유라까와 자신에게 번갈아 질문을 하던 외할머니는 이윽고 가볍게 무릎을 치며 블랑슈에게 미소를 보였다. 블랑슈가 프랑스 왕비로 결정되는 순간이었다.

외할머니 엘레오노르가 두 손녀를 보러 온 것은 그녀의 아들 잉글랜드의 존 왕과 프랑스 왕 필립 오귀스트(Philippe Auguste, 1165~1223) 사이에 맺어질 협상의 원만한 해결을 위해서 프랑스 왕세자의 신붓감을 직접 고르러 온 것이었다. 언니 유라까보다 더 예쁘고 똑똑해 보이는 블랑슈에게 마음이 끌린 외할머니는 최종적으로 블랑슈를 선택했다. 블랑슈는 프랑스라는 나라에 대한 궁금함과 장래의 신랑에 대한 기대감보다 사랑하는 부모님과 헤어져야 하는 일이 더 슬펐다.

마침내 프랑스로 떠나야 할 날이 밝자 그녀는 체념하고 이 현실을 받아들이기로 했다. 그래서 부모, 형제들과 작별의 포옹을 할 때도 울지 않았다. 그리하여 블랑슈는 1200년 4월 에스파니아의 수많은 사절단과 시녀들과 함께 외할머니 엘레오노르의 손을 잡고 피레네 산맥을 넘어 보르도에 도착했다. 그곳에서 보르도 대주교의 영접을 받은 후 다시 노르망디로 출발했다.

노르망디에서는 블랑슈의 외삼촌인 존 왕(Jean Sans Terre, 1167~1216)과 장차 시아버지가 될 필립 오귀스트가 그녀를 기다리고 있었다.

뽀모(Port-Mort), 지금은 집도 몇 채 없는 한가로운 시골 마을이 되었지만 한때는 잉글랜드 왕들의 성이 있던 곳이었다.

마침내 존 왕의 영지인 노르망디에 도착한 블랑슈는 1200년 5월 23일 노르망디의 뽀모(Port-Mort)에 있는 예배당에서 보르도 대주교의 집전으로 프랑스 왕세자 루이와 결혼식을 올렸다. 신랑은 13살, 신부는 12살이었다.

프랑스 왕 필립 오귀스트는 하나밖에 없는 왕세자 루이의 결혼식을 당연히 성대하게 올려주고 싶었을 것이다. 그러나 그는 자신의 세 번째 결혼 문제로 인해 교황 인노센트 3세로 부터 파문당한 상태라 프랑스 왕국 내에서의 모든 성무를 금지 당했기 때문에 하는 수없이 존 왕의 영지에서 아들을 결혼시킬 수밖에 없었다. 결혼식에 존 왕과 필립 오귀스트는 참석하지 않았다. 그리고 결혼식을 올린 루이와 블랑슈는 존 왕의 부타방 성에서 조촐하게 피로연도 치렀다.

루이 8세와 블랑슈 드 카스티유가 결혼한 노르망디의 작은 읍에 위치한 뽀모 예배당

블랑슈의 남편 루이 8세는 1187년생으로 필립 오귀스트와 그의 첫 부인 에노의 이자벨(Isabelle de Hainaut, 1170~1190) 사이에 외아들로 태어났다. 루이는 3살 때 어머니 이자벨을 여의고 아버지와도 떨어져 별궁에서 외롭게 자랐다. 루이 8세는 기나긴 왕세자 시절 동안 아버지 필립 오귀스트와 함께 여러 전투에 참가했으며 특히 부빈 전투(Bataille Bouvine)에서 용맹함을 떨쳐 후에 '사자 왕(Le Lion)'이라는 별칭을 얻었다.

루이 8세는 카페 왕조 역사상 부왕이 살아있을 때 왕세자 책봉을 받지 못한 첫 번째 왕이었으며 카페 왕조 역사상 가장 늦은 나이에 왕이 된 인물이었다.

루이 8세의 아버지 필립 오귀스트가 사망한 망트 시내. 세느강 상류지역과 망트 성당(Collegiale Mantes)이 보인다.

어느덧 프랑스 왕실의 일원이 된 블랑슈는 결혼 4년 만에 첫아이를 낳았다. 그 후로 그녀는 규칙적으로 아이들을 낳아 총 12명의 자녀를 낳았다.

필립 오귀스트는 자신도 외아들이었고, 아들 루이도 외아들이어서 근 80년간 프랑스 왕국은 왕위계승자가 한 명뿐이었다. 자식이 귀한 프랑스 왕실은 따라서 늘 어둡고 침울한 분위기였는데, 며느리 블랑슈 덕분에 궁정이 아이들 웃음소리가 끊이지 않는 밝고 온화한 사랑방으로 바뀌었으니 왕실 종친들을 비롯한 시아버지 필립 오귀스트의 며느리 사랑은 가히 대단했다.

블랑슈의 미모가 빼어났다는 것은 모든 역사가들이 한결같이 인정하고 있다. 그녀는 교양과 지성과 미모와 독실한 신앙심을 바탕으로 자식 교육에 남다른 열정을 쏟았다. 그녀가 아들 루이 9세를 어떻게 교육시켰는가는 지금껏 전설로 남아있다.

블랑슈는 시집오기 전까지 너무나 안정된 부모 밑에서 밝고 명랑한 환경 속에 어린 시절을 보낸 반면, 루이는 불완전한 환경 속에서 마치 고아나 다름없는 어린 시절을 보냈기에 약간 침울한 성격에 말수가 적은 다소 엄격한 성격의 남자였다.

블랑슈는 그런 루이를 진심으로 이해해주었다. 세월이 지나면서 두 사람은 매우 깊은 유대감이 형성된 부부가 되었으며 신뢰와 존중으로 서로에게 끝까지 충실한 배우자로 남았다.

1223년 7월 14일 부왕 필립 오귀스트가 망트(Mantes)에서 사망하자 루이는 8월 6일 랭스 대성당에서 대관식을 치르고 프랑스 왕 루이 8세(Louis 8, 1187~1226)로 즉위했다. 그의 나이 36세 때였다.

알비 십자군 원정대에 의해 까르까손(Carcassonne) 주민들이 알몸으로 성에서 쫓겨나고 있다. 1209년

당시 프랑스 남부 랑그독 지방은 교황청에서 이단으로 지목한 카타리파(Cathares)들이 만연해 있었다.

루이 8세의 부왕 필립 오귀스트는 남프랑스에 군대를 파견하길 원하는 교황의 요청을 번번이 묵살하곤 했었으나 새로 선출된 교황 호노리우스 3세는 새로 왕이 된 루이 8세의 용맹성을 입이 마르게 칭찬하면서 그를 알비 십자군 원정대의 대장으로 임명했다.

그리하여 알비 십자군 원정대(Croisade des Albigeois)가 조직되었고 당시 기록에 의하면 50,000명의 귀족과 기사들이 프랑스 전국에서 소집 되었다고 한다. 알비 십자군 원정대는 출정 후 님므(Nîmes), 까르까손 (Carcassonne), 알비(Albi) 등을 쉽게 손에 넣고 카타리파에 대한 대대적인 피의 숙청을 단행하며 랑그독(Languedoc) 지방을 초토화시켰다.

이제 알비 십자군 원정대와 똘루즈 백작 레이몽 7세(Comte de Toulouse, Raymond Ⅶ, 1197~1249)는 마지막 보루인 아비뇽 (Avignon) 함락을 놓고 서로 대치하고 있었다. 똘루즈 백작 레이몽 7세는 이전 교황 인 노센트 3세가 눈엣가시처럼 여기던 인물로 교황은 레이몽 7세가 그의 영지에 카타리파를 대거 숨겨주고 있다고 의심을 받던 사람이었다. 레이몽 7세는 아비뇽 성문을 걸어 잠근 채 석 달을 버티고 있었고, 알비 십자군 원정대는 아비뇽 함락 전에 발이 묶여 고전하고 있었다.

아비뇽 함락전에서 갑자기 발병하여 몽팡시에 성(Château de Montpensier)으로 옮긴 루이 8세. 그는 이 성에서 사망하였다.

이 와중에 왕실종친으로 루이 8세의 든든한 조력자였던 샹파뉴백작 티보 4세가 왕과 사소한 말다툼 끝에 그가 데리고 온 군사들을 이끌고 샹파뉴로 돌아가 버리는 일이 벌어졌다.

그리고 며칠 후 고열과 설사 증세로 루이 8세는 몸져눕게 되었다.

Louis viii. aime mieux mourir que de sauver sa vie par un peché mortel

루이 8세의 죽음을 묘사한 판화. 프랑소와 부셰(1703~1770) 작

왕은 파리로 돌아가려 했으나 병세가 점점 심해져 중간지점인 몽팡시에 성에 머물렀다. 이때 신하들이 왕을 빨리 낫게 하려고 몽팡시에 성읍에서 여자아이를 하나 구해서 왕의 침대로 들여보내려 하자, 잠들어있던 왕이 갑자기 깨서 그 여자아이를 돌려보내라고 명령하면서 죄를 짓느니 이대로 죽는 게 낫다고 말했다고 한다.

그리고 며칠 후 왕은 그곳에서 숨을 거두었다. 1226년 11월 8일 재위기간 3년을 끝으로 프랑스 왕 루이 8세는 39세를 일기로 몽팡시에 성(Château de Montpensier)에서 사망했다.

루이 8세의 인장

그 당시 샹파뉴 백작 티보 4세(Thibaut Ⅳ de Champagne, 1201~1253)가 음식에 독을 탔다는 소문이 파다하게 돌았다. 이 샹파뉴 백작 티보 4세는 매우 흥미로운 인물이다. 그는 유복자로 태어나 어릴 때 프랑스 왕실로 보내져 그곳에서 자랐다. 티보 4세의 할머니 마리 드 프랑스는 필립 오귀스트의 이복누나로 그녀는 루이 7세와 엘레오노르 다키텐의 첫째 딸이었다. 티보 4세는 중세시대 최고의 서정시인(샹소니에)으로 손꼽히는 인물로, 그가 남긴 71편의 시 가운데 37편이 사랑이야기이고, 이 37편이 모두 블랑슈 드 카스티유에 대한 그의 연모의 정으로 탄생한 시라는 게 지금까지 역사가들의 중론이다.

샹파뉴 백작 티보 4세가 시를 짓고 있는 모습을 그린 그림.
단테는 티보 4세를 중세의 가장 대표적인 서정시인이라고
일컬었다.

티보 4세는 1201년생으로 블랑슈 드 카스티유보다 13살이나 어리지만 그가 프랑스 궁에서 지낸 유년시절에 블랑슈가 직접 그를 교육시켰고, 그녀의 아름다운 용모에 감탄한 그가 그녀를 평생 짝사랑하게 된 게 아닌가 싶다. 아무튼 이루어질 수 없는 사랑이었음에도 그는 열정적으로 그녀에게 빠져있었고

트루아의 성벽이나 프로방의 백작궁 벽에 그가 새겨놓은 사랑의 시들은 그가 얼마나 블랑슈로 인해 마음고생을 많이 했는지 알 수 있다.

티보 4세의 열렬한 구애에도 블랑슈는 전혀 흔들리지 않았다. 루이 8세가 사망했을 때 12번째 아이를 임신하고 있던 그녀에게 그 아이가 티보 4세의 아이가 아니냐는 터무니없는 소문도 그녀는 묵묵히 감내해냈다. 블랑슈는 왕실의 이해가 걸려있을 때에만 그의 말을 들어주었다.

프로방(Provins)에 위치한 샹파뉴(Champagne) 백작 성. 지금은 티보 4세 고등학교가 되었다.

티보 4세가 몇 번에 걸쳐 왕실에 대한 반역사건에 가담했을 때 그녀는 자신의 명예를 내려놓고 직접 그를 찾아갔다. 그녀는 말은 단호하게 하면서 따스한 눈빛으로 그를 타일러 그가 프랑스 왕실에 한 배반 행위를 뉘우치게 하여, 그로 하여금 다시 한번 그녀에 대한 사랑이 이루어지지 않을까 하는 기대감에 부풀게도 했다지만 블랑슈가 정절을 지켰음은 의심의 여지가 없다.

섭정 블랑슈 드 카스티유

그 후 티보 4세는 삼촌 나바르 왕 산체스 7세가 죽자 나바르 왕 티보 1세로 즉위하여 나바르로 떠났고 이후 그는 블랑슈를 다시 보지 못했다. 남편 루이 8세의 사망소식을 전해 들은 블랑슈는 너무나 큰 슬픔에 그날로 식음을 전폐하고 자리에 누웠다. 그녀는 12번째 아이를 임신 중이었고 남편의 뒤를 이어 왕위에 오를 왕세자는 이제 겨우 12살이었다. 왕비의 슬픔은 이해가 가지만 그렇다고 왕의 자리를 계속 공석으로 둘 수 없었던 신하들의 간곡한 설득에 마침내 블랑슈도 몸과 마음을 추스르고 당면 과제인 왕세자 루이를 왕으로 즉위시키는 일에 온힘을 쏟았다.

1226년 11월 29일 랭스 대성당에서 왕세자 루이는 루이 9세로 왕위에 오르고 그녀는 어린 왕을 대신해 섭정의 자리에 앉았다. 섭정을 하게 된 블랑슈는 시아버지 필립 오귀스트의 유능한 신하들을 대부분 그대로 중용했으나 다만 루이 9세의 가정교사였던 로망 추기경(Cardinal de Romain)을 재상으로 임명하여 그녀의 측근으로 두었다.

겉으로는 평온한 정권교체의 시기였으나 에스파니아 출신의 섭정모후와 이탈리아 출신 추기경의 조합은 두 사람이 아무리 유능한 정치인이라 할지라도 프랑스 귀족들은 불만을 품을 수밖에 없었다. 왜냐하면 그들의 눈에 두 사람은 '외국인'이었기 때문이다.

루이 9세와 가정교사 로망 추기경이 함께
공부하는 모습을 지켜보는 블랑슈 드 카스티유

어린 왕 루이 9세와 섭정 모후 블랑슈에 대해 불만을 품은 반란 세력들은 서서히 반역을 도모하고 있었다. 반역의 중심인물로는 루이 6세의 증손자 부르타뉴의 피에르 1세(Pierre Ⅰ de Bretagne, 1187~1250)와 샹파뉴백작 티보 4세, 그리고 뤼지냥의 위그 10세(Hugues X de Lusignan, 1185~1249)가 있는데 위그 10세는 잉글랜드의 헨리 3세의 어머니인 이자벨 당굴렘(Isabelle d'Angoulême, 1188~1246)의 두 번째 남편으로 그는 의붓아들인 헨리 3세가 프랑스 왕의 자격이 있다고 공공연하게 선포하였다.

블랑슈도 귀족들의 반란도모에 대해 손을 놓고 있지는 않았다. 그녀는 당차고 깐깐한 성격으로 결코 호락호락한 성품이 아니었다. 그녀는 중립적인 입장에 있던 귀족들을 자기편으로 끌어들이기 위해 매수와 선물공세를 폈다. 빚이 많은 영주들에게는 빚을 탕감해주었고 세금도 감면해주었다.

1229년 블랑슈가 섭정으로 있은 지 3년째 되던 해 드디어 반역세력들이 반란을 일으켰다. 프랑스는 내전에 휩싸이게 되었고 신변에 위협을 느낀 블랑슈는 가족들을 데리고 피난길에 올랐다.

몽테리 성으로 가는 길에 반역세력들은 몇 번에 걸쳐 루이 9세를 납치하려 했으나 실패했다. 왕의 목숨까지 위협을 받게 되자 더는 참을 수 없었던 블랑슈는 파리의 시민대표들에게 당신들의 왕이 위험에 처해 있다며 도움을 요청했다. 블랑슈의 요청을 받은 파리시민들이 직접 몽테리(Monthiery)로 가서 루이 9세를 파리까지 안전하게 에스코트 해주었다. 이렇게 루이 9세를 살린 건 파리시민들이었다.

그해 말 재정비된 왕실군대에 의해 반란 세력들은 소탕되었고 마침내 그들은 루이 9세의 왕권과 블랑슈의 섭정을 인정했다. 루이 9세가 점점 성장해가면서 블랑슈는 아들에게 점차 모든 권력을 넘겨주었다.

그리고 그녀는 부빈 전투에서 포로로 잡혀와 긴 세월 갇혀있던 플랑드르 백작 페랑(Comte de Flandre, Ferrand, 1188~1233)을 인도주의적 입장에서 풀어주었다. 또한 루이 9세와 함께 루아요몽 수도원을 비롯해 모비송, 리스수도원 등 많은 수도원을 지었다. 그리고 1251년에는 7차 십자군 원정에서 전사한 수많은 기사들의 오갈 데 없는 자녀들을 위하여 고아원을 지었다.

블랑슈는 그녀의 열두 명의 자녀 중 넷째 아들인 루이 9세를 어릴 때부터 유난히 사랑하여 어린 루이를 무릎에 앉히고 직접 교육시켰다. 그리고 왕실의 관례를 깨고 직접 모유수유를 했으며, 또 그럴만한 자격이 없는 사람들은 아들의 주변에 오지도 못하게 했다. 블랑슈는 부드러운 말투 속에 카리스마를 번득이는 전형적인 외유내강형의 여인이었다.

이런 어머니의 엄격한 교육 덕분에 강인한 정신력을 물려받은 루이 9세는 국민들에게 선정을 베풀었고 도덕적인 군주로 자리 잡아 프랑스 왕들 중 유일하게 성인으로 추존된 왕이었다.

아들이 결혼적령기를 훌쩍 넘기자 며느릿감을 직접 알아보기 시작한 블랑슈는 마침내 프로방스 백작 레몽 베렝제 4세의 장녀 마르그리뜨 드 프로방스를 며느리로 맞아들였다.

너무도 애지중지했던 아들이라 그런지 블랑슈는 며느리에게 아들을 빼앗겼다는 생각으로 혹독한 시집살이를 시켰는데 그녀는 아들내외가 나란히 걷는 것도 금지했으며, 부부가 낮에 만난다든지, 손을 잡는 등의 애정표현도 못하게 했다.

이렇다보니 며느리 마르그리뜨도 시어머니 블랑슈를 몹시 미워했는데 한 번은 궁정이 떠들썩하게 마르그리뜨가 시어머니에게 대들기도 했다고 한다.

믈랭(Melun)의 시청사. 앞의 동상은 자끄 암요(Jacques Amyot, 1513~1593)이다.

루이 9세가 1248년 7차 십자군 원정을 떠나자 블랑슈는 아들을 대신해 다시 한번 프랑스 왕국의 섭정을 맡게 되었다. 그러나 1250년에 그녀의 다섯 번째 아들인 아르투아 백작 로베르(Robert I, d'Artois, 1216~1250)가 이집트의 만수라에서 사망했다는 소식들 듣고 상심한 그녀는 함께 십자군 원정에 참여했다 돌아온 아들 푸아티에 백작 알퐁스(Alphonse de Poitiers, 1220~1271)에게 섭정 일을 맡기고 믈랭에 있는 왕실소유의 성에 칩거했다.

블랑슈 드 카스티유는 말년에 자신이 건설한 이 모비송 수녀원에 은퇴하여 지냈다. 그리고 이 수녀원에 묻혔다.

믈랭에서 가장 오래된 건물 중 하나인 성 소뵈르 수도원 일부.
폐허가 된 후 한때 소금창고로 사용되기도 하였다. 1946년에 프랑스 역사 유적지로 지정되었다.

그리고 이듬해 아들 루이 9세가 이집트에서 포로로 잡혔다는 소식을 듣고는 그녀가 세운 모비송 수녀원에 들어가 아들의 무사귀환을 위해 종교에 귀의하여 기도와 침묵으로 생활하며 지냈다.

1252년 11월 27일 블랑슈가 믈랭(Melun)에서 64세를 일기로 사망했을 때 아들 루이 9세와 며느리 마르그리뜨는 7차 십자군 원정 중에 있었다. 블랑슈 드 카스티유는 수의로 수녀복을 입은 채 모비송 수녀원에 매장되었다. 그리고 후에 그녀의 심장만 따로 그녀가 세운 리스 수녀원(Abbaye de Lys)에 안치했다.

블랑슈 드 카스티유는 공식적으로 시성된 적은 없지만 프랑스에서는 매년 12월 2일을 그녀의 기념일로 정하여 위대한 성군을 키워낸 훌륭한 어머니로 오늘날까지 기억하고 있다.

루이 8세와 왕비 블랑슈 드 카스티유의 자녀들

1. 1205년에 딸을 낳았으나 유아세례 받기 전에 사망하여 이름은 없다.

2. 필립 드 프랑스(Philippe de France, 1209~1218)

필립은 루이 8세와 왕비 블랑슈 드 카스티유의 장남으로 태어났다. 그는 8살 때 느베르의 백작녀 아녜스와 약혼했으나 9살에 사망하였다.

3. 알퐁스 드 프랑스(Alphonse de France, 1213~1213) 쌍둥이

4. 장 드 프랑스(Jean de France, 1213~1213) 쌍둥이

퐁텐블로에서 태어난 일란성 쌍둥이 알퐁스와 장은 어려서 사망하였다.

5. 루이 9세(Louis 9 roi de France, 1214~1270)

루이 8세와 왕비 블랑슈 드 카스티유의 넷째 아들로 태어났다. 루이는 형 필립이 사망하면서 왕세자로 책봉되었고 아버지의 뒤를 이어 1226년 12살의 나이로 왕의 자리에 올랐다.

6. 로베르 드 프랑스(Robert de France, 1216~1250)

루이 8세와 왕비 블랑슈 드 카스티유의 다섯째 아들로 태어났다. 로베르는 아버지의 유언에 따라 아르투아 지방을 왕자령으로 받았다. 그는 1237년 8살 연하의 브라반트공국의 공작녀 마틸드(Mathilde de Brabant, 1224~1288)와 콩피에뉴에서 결혼하였다.

로베르 아르투아

로베르는 형제들 중 가장 성격이 급하고, 신화나 전설속의 용감한 기사들의 무용담에 심취한 전형적인 돈키호테형의 인물이었다. 로베르는 형 루이 9세가 7차 십자군 원정을 계획한다는 소식을 전해 듣고 흔쾌히 형의 계획을 도왔다. 그는 군대를 모집하고 전쟁에 필요한 군수품을 마련하기 위해 동생 알퐁스와 샤를을 설득해 자금을 끌어들였다.

드디어 1248년 대망의 7차 십자군 원정대가 이집트를 향해 출발했다. 원래 나서기 좋아하고 공명심이 대단했던 로베르는 템플기사단이 주축이 된 7차 십자군 원정대의 우두머리 자리에 본인이 섰다. 이 일로 그는 템플기사단 단장 기욤 드 손낙(Guillaume de Sonnac, 1200~1250)과 전투 방법에 대해서도 서로 사사건건 부딪혔다.

1249년 해상으로 무사히 이집트에 도착한 십자군 원정대는 6월 6

일 항구도시 다미에뜨를 점령하는 데 성공한다. 의외로 쉽게 다미에뜨(Damiette)가 함락되자 한껏 고무된 로베르는 이 기세를 몰아 만수라 요새(Mansourah)를 점령할 것을 강력히 주장했다.

그러나 때는 우기였고 나일강의 범람을 우려한 기욤 드 손낙은 좀 더 시간을 갖고 공격하자는 입장이었다. 하지만 성격 급한 로베르는 기욤의 만류를 물리치고 자신이 손수 맨 앞에서 선발대를 지휘하였다.

로베르의 전략은 야간을 틈타 냇물을 건너 기습 공격하는 것이었으나 이집트의 장군 바이바르스(Baybars, 1223~1277)의 계략에 오히려 말려들었다. 바이바르스는 만수라 시내에 바리케이트를 치고 이집트 병사들을 후방에 배치하여 십자군을 포위했다. 이미 범람한 나일 강과 적의 포위로 오도 가도 못한 템플기사단은 변변한 전투한번 치르지 못하고 아까운 정예의 기사들만 280명이 학살당했다. 살아남아 포로로 잡힌 기사가 단 5명이었다는 것은 이 만수라 전투가 십자군의 대패였음을 증명하는 것이다.

아르투아 백작 로베르도 이 만수라 전투에서 33세를 일기로 사망했으며 템플기사단 단장 기욤 드 손낙도 함께 사망했다.

7. 장 드 프랑스(Jean de France, 1219~1232)

장은 루이 8세와 왕비 블랑슈 드 카스티유의 여섯 번째 아들로 태어났

다. 장은 아버지로부터 앙주와 멘느 백작령을 물려받았으나 13살에 사망
하였다.

8. 알퐁스 드 프랑스(Alphonse de France, 1220~1271)

알퐁스는 루이 8세와 왕비 블랑슈 드 카스티유의 일곱 번째 아들로 태
어났다. 알퐁스는 5살에 푸아티에와 상통쥬, 오베르뉴의 왕자령을 받았
다. 아버지 루이 8세는 알퐁스를 원래 뤼지냥의 위그 10세의 딸 이자벨
과 결혼시킬 계획이었으나 파리조약에 의해 이 결혼이 취소되면서 대신
툴루즈 백작 레이몽 7세의 딸 잔(Jeanne de Toulouse, 1220~1271)과 알퐁스
를 약혼시켰다.

알퐁스의 어린 시절에 대한 기록도
다른 왕자들처럼 자세히 알려져 있지
는 않지만 알퐁스가 형 루이 9세와 가
장 사이가 좋았다고 전한다.

알퐁스 드 푸아티에 인장

한편 알퐁스와 자신의 딸과의 결혼이 무산되자 뤼지냥의 위그 10세가
푸아티에에서 반란을 일으켰는데 형 루이 9세가 도와주어 반란은 진압
되었다.

알퐁스는 7차 십자군 원정에서 용감히 싸웠으며 형 루이 9세, 동생 샤를과 함께 이집트에서 포로로 잡혔다. 이집트 왕은 막대한 보석금을 요구하면서 돈을 마련해오도록 루이 9세를 풀어주고 대신 왕자 알퐁스와 샤를을 볼모로 잡고 있었는데 후에 40만 리브르를 내고 왕자들은 풀려났다.

알퐁스는 뚤루즈 백작 레이몽 7세의 무남독녀 잔과 결혼하였다. 알퐁스와 잔의 결혼계약서에는 두 사람이 자식이 없이 사망할 경우 뚤루즈 백작령은 프랑스 왕국에 합병된다는 조항이 있었다. 그리하여 알퐁스는 당시 프랑스에서 가장 부유한 왕자가 되었다. 알퐁스는 자신의 영지인 푸아티에나 뚤루즈보다 파리에서 지내기를 좋아했으며 전쟁 때가 아니면 대부분 파리에서 머물렀다.

어머니 블랑슈 드 카스티유가 사망했을 때 그는 아직 성지에서 돌아오지 못한 형 루이 9세를 대신해 섭정을 맡았다. 형이 돌아오고 나서도 알퐁스의 정치적인 입지는 막강해서 교황의 사절단이나 외국 왕들이 알퐁스를 통해야 루이 9세를 알현하거나 분쟁의 조정 등을 부탁할 수 있었다고 한다.

알퐁스는 아내 잔과 함께 8차 십자군 원정에 참여했다가 돌아오는 길에 동생 샤를의 권유로 그의 왕국인 시실리에 몇 달간 머물렀다. 그러나 이 기간에 알퐁스와 잔은 그 지역 풍토병으로 몹시 앓았고 부부의 병세가 악화되자 육로로 프랑스로 돌아가던 중 시에나 근처 코르네토 성에서 알퐁스는 눈을 감았다. 그리고 나흘 후에 잔도 남편의 뒤를 따랐다.

이들 부부는 슬하에 자식이 없었기 때문에 툴루즈와 푸아티에는 프랑스 왕국에 편입되었다.

9. 필립 다고베르 드 프랑스(Philippe Dagobert de France, 1223~1235)

필립 다고베르는 루이 8세와 왕비 블랑슈 드 카스티유의 여덟 번째 아들로 태어났다. 그러나 필립 다고베르는 9살에 사망하였다.

10. 이자벨 드 프랑스(Isabelle de France, 1225~1270)

이자벨은 루이 8세와 왕비 블랑슈 드 카스티유의 외동딸이다. 이자벨은 아버지 루이 8세와 뤼지냥의 위그 10세가 맺은 방돔 조약에 따라 위그 10세의 아들 위그 11세(Hugues XI de Lusignan, 1221~1250)와 약혼하였다.

그러나 위그는 자신의 가문과 원수지간인 프랑스 왕의 딸과 결혼하고 싶지 않았기 때문에 부르타뉴 공작녀 욜란드(Yolande de Bretagne, 1218~1272)와 결혼하기를 고집하였다. 이 때문에 교황까지 나서 이 약혼을 무효화시켰다. 프랑스 왕에게 눈치가 보였던 교황 인노센트 4세는 신성로마황제 호헨슈타우펜의 프레데릭 2세를 이자벨의 남편감으로 추천했는데 이번에는 이자벨이 거부했다.

25살이 된 이자벨은 어느 날 큰오빠 루이 9세에게 수녀가 되고 싶다고 말했다. 루이 9세는 처음에는 반대했으나 여동생의 고집을 꺾을 수 없었고 결국 승낙했다. 형제들 중 이자벨을 가장 예뻐한 루이 9세는 여동생에게 소원을 물었고, 그녀의 소원대로 파리근교 롱샹(Longchamp)에 작은 수녀원을 지을 수 있도록 토지를 하사했다.

파리 생 제르맹 옥세르 교회의 입구에 서 있는 이자벨 드 프랑스. 1841년 루이 데프레 작

이자벨은 자신의 소원대로 종교에 귀의하여 기도와 봉사로 일생을 살았으나 정식으로 수녀가 되지는 않았다. 루이 9세는 자주 여동생의 수녀원을 찾아왔다고 한다.

이자벨은 1270년 2월 23일 이 수녀원에서 45세를 일기로 사망했고 성당 지하에 매장되었다.

11. 에티엔 드 프랑스(Etienne de France, 1225~1227)

에티엔은 루이 8세와 왕비 블랑슈 드 카스티유의 아들로 태어났다. 에티엔은 3살 때 홍역을 앓다가 사망했다.

12. 샤를 드 프랑스(Charles de France, 1227~1285)

샤를은 루이 8세와 왕비 블랑슈 드 카스티유의 막내아들로 그는 아버지가 사망한 다음해에 유복자로 태어났다. 샤를은 1232년에 형 장이 죽자 형의 백작령 앙주를 물려받았다.

블랑슈 드 카스티유의 막내아들
나폴리왕 샤를의 위풍당당한 모습

샤를이란 이름은 카페 왕조에서는 처음으로 사용한 이름으로, 어머니 블랑슈가 아들을 많이 낳은 탓에 더 이상 지을 이름이 없었던지 전 왕조 카롤링거 왕들의 이름 중 대머리왕 샤를 2세의 이름을 아들 이름으로 지은 듯하다.

어머니 블랑슈 드 카스티유는 원래 샤를을 성직자로 키울 생각이었으나 위의 형 장과 필립 다고베르가 일찍 세상을 뜨는 바람에 샤를은 형들의 영지인 프랑스 중서부의 왕자령을 물려받았다. 샤를은 형제들 중 가장 권력욕이 강한 인물이었다. 그는 수많은 전투에서 승리하여 시실리 왕, 나폴리 왕, 예루살렘 왕이 되었으며 일생의 대부분을 전쟁터에서 보낸 장군이기도 했다.

샤를은 19살 때 형수 마르그리트의 여동생인 베아트리스 드 프로방스(Béatrice de Provence, 1231~1267)와 결혼하여 7명의 자녀를 두었으며 프로방스와 포칼키에의 상속녀인 아내 덕분에 그는 장인의 프로방스 백작 작위까지 갖게 되었다. 샤를과 베아트리스는 매우 사이좋은 부부였다. 결혼한 지 20년 만에 베아트리스가 먼저 사망하자 샤를은 부르고뉴 백작녀 마르그리트(Marguerite de Bourgogne, 1250~1308)와 재혼하였고 마르그리트와의 사이에 자녀는 없었다.

샤를도 형 알퐁스와 함께 루이 9세를 따라 십자군 원정을 두 번이나 다녀왔다. 그는 자신의 정치적 입장을 내세워 형 루이 9세에게 끈질기게 8차 십자군 원정을 고집했으며 원정이 확정되자 샤를은 자신의 영지와 성들을 팔아 형의 원정자금을 대기도 했다.

1270년 뒤늦게 출발한 샤를이 튀니스에 도착했을 때는 형 루이 9세와 조카 장 트리스탄이 이미 사망한 후였다.

샤를은 1285년 1월 7일 이탈리아의 포찌아(Foggia)에서 58세로 사망했고 그의 시신은 포찌아 대성당에 매장되었다.

4.

안 드 부르타뉴

(Anne de Bretagne, 1477.1.25.~1514.1.9.)

"절름발이 공작녀에서 두 번이나 프랑스 왕비를 지낸 국민적 왕비"

파리 뤽상부르 공원에 있는 안 드 부르타뉴의 석상. 장 밥티스트 조셉 드베이 작. 1846년

ANNE DE BRETAGNE
REINE DE FRANCE
1477 - 1514

안 드 부르타뉴는 1477년 1월 25일 낭트(Nantes)에 있는 부르타뉴 공작성에서 2녀 중 장녀로 태어났다. 그녀의 아버지 부르타뉴 공작 프랑소와 2세(Francois Ⅱ, duc de Bretagne, 1433~1488)는 1433년 리챠드 데땅프(Richard d'Etampes, 1395~1438)와 프랑스 왕 샤를 5세의 차남인 루이 도를레앙의 딸 마르그리뜨 도를레앙(Marguerite d'Orléans, 1406~1460)의 외아들로 태어났다.

안 드 부르타뉴의 기도서에 그려진 초상화, 장 부르디숑
(Jean Bourdichon, 1456~1520) 1503~1508년경, BNF

안의 어머니 마르그리뜨 드 푸아(Marguerite de Foix, 1458~1486)는 1458년 푸아-베아른(Foix- Bearn)의 가스통 4세(Gaston Ⅳ, 1423~1472)와 나바르의 엘레오노르의 9명의 자녀 중 여섯 번째 딸로 태어났다. 마르그리뜨의 큰오빠 가스통은 프랑스 왕 샤를 7세의 딸 마들렌 공주와 결혼하여 샤를 7세의 사위가 되었다.

원래 안의 아버지 프랑소와 2세는 부르타뉴 공국의 공작 계승서열에서 멀리 있었으나 사촌인 프랑소와 1세, 피에르 2세, 그리고 큰아버지인 리슈몽 총사령관 아르튀르 3세가 잇달아 사망하면서 1458년 25세의 나이로 부르타뉴 공작 작위를 물려받았다. 그는 어린 시절을 외가 쪽인 프랑스 궁정에서 보냈기에 부르타뉴의 귀족들과 특별한 교류가 없어서 공작이 된 후 그들과 계속 서먹서먹한 관계를 유지했지만 귀족들에게 함부로 대하지는 않았다고 한다.

프랑소와 2세는 정무에는 관심이 없어서 공국의 귀족회의에 거의 참석하지 않았고 자신의 측근들이 전해주는 얘기에 만족했다고 한다. 아마도 외할아버지 루이 도를레앙의 성향을 닮은 듯 그는 당시 제후들이 누리는 즐거운 삶을 최대한 마음껏 누리고 싶어 했고 그래서 그는 대부분의 시간을 사냥, 카드놀이, 그리고 공식 정부인 앙트와네트 메넬레(Antoinette de Maignelais, 1434~1474)와 보내는 데 소비했다.

안의 아버지 부르타뉴 공작 프랑소와 2세. 그는 당시 유행하던 르네상스를 주도하고자 하는 야심 때문에 공국 내에 무리한 건축사업을 추진하고 사치스러운 생활로 인해 결국 부르타뉴 공국을 빚더미에 앉혀놓았다.

또한 프랑소와 2세는 당시의 신 사조였던 르네상스의 선두주자로서, 대대로 부르타뉴 공작들이 거주하던 반느(Vannes)의 성이 너무 외지고 비좁다는 이유로 공국의 수도를 낭트로 정하고 그 곳에 대규모 성들을 짓기 시작했다. 지금의 부르타뉴 공작 성들은 대부분 이때 지어진 것들이다.

부르타뉴 공국의 수도 낭트에 있는 부르타뉴 공작 성(Château des ducs de Bretagne). 이 성에서 안이 태어났다.

프랑소와 2세는 1455년 조카 마르그리뜨 드 부르타뉴(Marguerite de Bretagne, 1443~1469)와 첫 번째 결혼을 하였으나 결혼생활 14년 만에 그녀는 자식 없이 사망하였고, 프랑소와 2세는 1471년 나바르의 공주 마르그리뜨 드 푸아와 두 번째 결혼을 하였다. 결혼 후 아이가 생기지 않아 걱정하던 공작부부에게 결혼 6년만인 1477년에 드디어 딸 안이 태어났고 이듬해에는 둘째딸 이자보(Isabeau de Bretagne, 1478~1490)가 태어났다.

마르그리뜨 공작부인은 신앙심이 매우 돈독한 여인으로 항상 성경책을 챙겼으며, 기도실에서 많은 시간을 보냈다. 아들을 간절히 원했던 그녀는 특히 기적적으로 아들을 낳은 나이 든 부모의 이야기(이삭, 사무엘, 세례요한의 부모들)가 담긴 기도문을 늘 자신의 기도제목으로 삼았었다고 한다. 하지만 결국 그녀는 딸만 둘을 낳은 채 1486년 28세의 나이로 사망했다.

두 번째 부인과 사별할 당시 53세였던 프랑소와 2세는 그 후 다시 결혼을 하지 않았다. 그러나 부르타뉴 공국을 계승할 아들이 없었던 프랑소와 2세는 공국 내에서 반란의 기운을 감지하고 위기감을 느꼈다.

그 당시의 부르타뉴 공국은 공국내의 계승법이 아직 정립되지 않았기 때문에 1365년 부르타뉴 공작 장 4세가 작성한 게랑드 조약(Traité de Guérande)이 근거가 되었다. 우선은 프랑소와 2세의 집안인 몽포르(Montfort) 가문의 남자가 계승하고, 남자가 없을 경우 퐁티에브르(Penthièvre) 가문의 남자가 계승하는 것이었다.

하지만 몽포르 가문에서는 딸 안 밖에 없었고, 퐁티에브르 가문에서도 딸 니콜밖에 없었기 때문에 계승 순위에서도 안이 우선이었다. 그런데 1480년 프랑스 왕 루이 11세가 퐁티에브르의 니콜(Nicole de Penthièvre, 1424~1480)과 조약을 맺으며 퐁티에브르 가문이 갖는 권리를 5만 에퀴에 사들였다.

5년이 지난 후 당시 프랑스 왕 샤를 8세의 섭정을 맡고 있던 안 드 보쥬

(Anne de Beaujeu, 1461~1522)는 퐁티에브르의 니콜의 남편 장 드 브로스가 죽자 이 조약을 확정짓고 계약의 유효함을 주장하기에 이른다. 이 주장은 퐁티에브르 가문의 남자 계승자가 프랑스 왕 샤를 8세라는 얘기였다.

부르타뉴 공작 성 앞 공원에 있는 안의 청동상

프랑소와 2세는 최악의 경우 부르타뉴 공국이 프랑스 왕실에 병합될 수도 있음을 직감했다. 그는 프랑스 왕의 의도에는 내심 저항을 하고 있었기 때문에 게랑드 조약을 무시하고 1486년 부르타뉴 귀족회의에서 딸 안을 부르타뉴의 계승자로 선포했다.

이 일은 부르타뉴 공국 귀족들의 반감을 삼과 동시에 프랑스 왕실에도 선전포고를 한 것이나 다름없었다. 프랑소와 2세는 딸 안을 막강한 외국의 왕자와 결혼시켜 프랑스 왕에게 대적할 수 있게 자신의 입지를 강화하고자 했다. 그리하여 이 공작령을 차지하기 위해 유럽의 왕실들이 앞다투어 결혼협상을 위한 사절단을 부르타뉴로 파견했다.

프랑스 왕실에서도 우선은 전쟁보다는 아직 미혼인 샤를 8세가 있었으므로 신랑감 후보라는 보다 부드러운 방식으로 부르타뉴 공국에 접근하고 있었다. 프랑소와 2세는 몽포르 가문 출신으로서 100년 전쟁 때 그의 선조들이 프랑스 왕국에 보여준 이 가문의 정치노선을 그대로 따르기로 했다. 그것은 프랑스와 잉글랜드 사이에 중립외교를 고수하는 것이었다.

그래서 공작은 안이 4살이던 1481년에 잉글랜드의 에드워드 4세의 왕자 에드워드와 약혼시켰다. 이 에드워드 왕자는 아버지 에드워드 4세가 죽자 에드워드 5세로 즉위했으나 얼마 안 있어 런던탑에서 실종되었고 이 약혼은 무효가 되었다.

그 후 계속해서 안의 결혼 후보감들이 줄을 잇는데, 두 번째 안의 결혼 상대는 당시 부르타뉴에 포로로 잡혀와 있던 헨리 튜더(헨리 7세)였다. 그러나 그는 정작 이 결혼에는 관심이 없었다.

세 번째는 마리 드 부르고뉴의 사망으로 홀아비가 된 합스부르크의 막시밀리언 1세였다.

네 번째는 장 달브레와 카트린 드 로한의 아들 알랑 달브레인데 당시 그는 프랑스 군대의 총사령관으로 안보다 무려 37살이나 연상이었음에도 안에게 청혼했다. 그러나 안은 이 남자를 너무 싫어했다.

다섯 번째는 프랑소와 2세의 사촌인 오를레앙 공작 루이(후에 루이 12세)였으나 그는 당시 유부남이었다.

여섯 번째는 프랑소와 2세의 누이인 카트린의 아들 오렌지 공 장 드 샬

안 드 부르타뉴와 막시밀리언
1세가 대리혼을 치른 렌느 대성당

롱으로 프랑소와 2세에게는 조카가 된다. 이 장 드 샬롱은 안과 이자보 다음으로 계승서열 3위였지만 결혼은 성사되지 않았다.

일곱 번째는 프랑소와 2세의 첫 부인인 마르그리트 드 부르타뉴의 동생 마리 드 부르타뉴의 남편, 즉 프랑소와 2세에게는 동서가 되는 장 드 로한이 제안한 자신의 아들들과 프랑소와 2세의 딸들을 각각 결혼시키자는 것이었으나 프랑소와 2세가 반대했다.

그러는 와중에 1488년 7월 28일 프랑소와 2세는 그의 동맹국들(신성로마제국, 잉글랜드, 카스티유와 레온 그리고 아라곤 왕국)과 함께 프랑스 왕국에 맞서서 벌인 생 토방 뒤 코르미에 전투(Saint-Aubin-du-Cormier, 1488)에서 패했다. 이로써 일명 '미친 전쟁(La Guerre Folle)'이라 일컫는 전쟁이 최종적으로 마무리되었다.

프랑소와 2세는 이 전쟁에 패하면서 프랑스 왕실과 베르제 조약(Traité du Verger)을 체결하게 되는데 조약내용 중에는 프랑스 왕의 동의 없이 딸 안과 이자보의 결혼을 임의로 할 수 없다는 내용도 포함되어 있었다. 훗날 안 드 부르타뉴가 프랑스 왕 샤를 8세 그리고 루이 12세와 잇달아 결혼한 것은 이 조약의 근거에 의해서이다.

전쟁에 패하여 불평등 조약에 서명하는 등 실의의 나날을 보내고 있던 프랑소와 2세는 엎친 데 덮친 격으로 사냥 도중 낙마사고를 당해 중상을 입고 병석에 누웠다. 그는 이제 11살이 된 장녀 안에게 프랑스 왕국에 절대로 굴복하지 않겠다는 맹세를 시켰다.

또 그는 안의 섭정으로 그의 총신 장 드 리유(Jean de Rieux, 1447~1518) 제독을 임명하고 그에게 딸들을 결혼시킬 의무까지 쥐어준 다음 부르타뉴 공국을 빚더미에 앉혀 놓은 채 1488년 9월 9일 55세를 일기로 쓸쓸히 세상을 떠났다. 부르타뉴 공작 프랑소와 2세는 부르타뉴 공국을 손수 다스린 마지막 공작이었다.

이제 부르타뉴 공국의 어마어마한 영토는 고스란히 앳된 안 드 부르타뉴 공작녀의 수중에 놓이게 되었다. 그것은 다시 말해 안의 결혼이 신속히 이루어져야 함을 의미하기도 했다.

프랑소와 2세의 사망 후 프랑스 왕 샤를 8세는 고아가 된 안과 이자보의 후견인으로 자신을 내세웠으나 안의 섭정 장 드 리유가 이 제안을 거절하면서 다시 부르타뉴에는 전운이 감돌기 시작했다.

1489년 1월 7일 프랑스 왕국과 부르타뉴 공국간의 마지막 전쟁이 벌어졌다. 프랑스 왕국과 한창 전쟁 중이던 1490년 12월 19일 안 드 부르타뉴는 합스부르크의 막시밀리언 1세와 렌느 대성당(Cathédrale de Rennes)에서 대리혼을 치렀다.

이 결혼은 어떻게든 프랑스와의 전쟁에서 이기고 싶었던 안과 부르타뉴 귀족들의 궁여지책이었다. 그러나 합스부르크 군대는 도움을 주지 못했다. 일단 막시밀리언 1세 자신이 프랑스와의 전쟁을 원하지 않았기 때문이다. 그러나 프랑스의 입장에서는 이 대리혼이 베르제 조약을 깨는 것과 함께 프랑스 왕에 대한 심각한 도발로 간주되었다.

합스부르크의 막시밀리언 1세. 그는 부르고뉴의 마리와 첫 번째 결혼하였으나 마리가 낙마사고로 사망하자 다시 안에게 청혼했다.

부르고뉴 지방에 이어 부르타뉴 지방까지 프랑스 왕의 적인 막시밀리언 1세가 차지한다면 프랑스의 영토는 더 이상 회복 불가능이 될 가능성이 농후했으므로 이 결혼은 반드시 막아야 했다.

또 부르타뉴의 우방들이 자국의 전쟁에 정신이 팔려 부르타뉴를 도와주지 못한 것도 프랑스 왕국에는 행운이었다. 카스티유의 왕 페르디난드 2세는 그라나다 포위전에 정신이 팔려있었고, 합스부르크의 막시밀리언 1세도 헝가리 합병과 그 계승 절차에 바빠 9개월 동안이나 안과의 대리혼을 무용지물로 만들고 있었다.

이듬해 봄에 프랑스 군대는 렌느를 포위하고 있었다. 부르타뉴는 두 달 동안이나 포위를 견뎠으나 더 이상 견디지 못하고 주변국들의 외면 속에 성문을 열고 항복의사를 밝혔다.

렌느의 구시가지 광장
Place Sainte-Anne

프랑스 왕 샤를 8세. 그는 아버지 루이 11세의 뒤를 이어 프랑스 왕으로 즉위했으나 즉위 초기에는 누나인 안 드 보쥬가 섭정을 맡았다.

프랑스 왕 샤를 8세는 11월 15일에 부르타뉴 공국에 입성했으며, 양쪽 진영은 렌느 조약을 체결하였다. 이틀 후인 11월 17일 샤를 8세와 안 드 부르타뉴 공작녀는 자코방 드 렌느 교회에서 약혼식을 거행했다. 그리고 얼마 후 안은 부르타뉴 공국 군대의 에스코트를 받으며 샤를 8세와 결혼식을 올리기 위해 프랑스 왕국의 랑제 성(Château de Langeais)으로 출발했다.

1491년 12월 6일 새벽 랑제 성의 중앙 홀에서 두 사람은 공식적으로 결혼식을 올렸다. 이 결혼은 긴급하게 치러졌으며, 결혼식에 참석한 하객들도 고작 10명 남짓이었다. 신랑 측 증인으로는 샤를 8세의 매형 피에르 드 보쥬가 섰고 신부 측 증인으로는 오를레앙 공작 루이가 섰다. 또 많은 토지를 하사받는 대가로 교황 인노센트 8세가 이 결혼을 승인해주었다.

다음해인 1492년 2월 15일에 교황은 안 드 부르타뉴와 막시밀리언 1세의 대리혼이 취소되었음을 알리는 공문을 막시밀리언 1세에게 보냈다. 막시밀리언 1세는 안이 프랑스 왕에게 납치되었고 그들의 자녀들은 프랑스 왕국의 적법한 상속자가 될 수 없다고 대외적으로 떠벌였다.

프랑스 투렌(Touraine) 지방에 위치한 랑제 성(Château de Langeais). 전형적인 중세의 성으로 10세기 말에 건축되었다.

부르타뉴 공작녀에서 프랑스 왕비가 된 안은 앙부아즈 성에서 신혼생
활을 시작했다.

랑제 성 중앙 홀에 전시되어있는 샤를 8세와 안 드 부르타뉴의 결혼식 장면. 사람 크기 모양의 밀랍 인형으로 재현되어 있다.

그녀의 결혼계약서에는 이 결혼의 목적이 프랑스 왕실과 부르타뉴 공작령 간의 평화를 보장하기 위한 것이라고 적혀 있다. 또 샤를 8세와 안 사이에 아들이 없이 안이 사망했을 시에는 남편인 샤를 8세가 부르타뉴 공국을 상속받는 것으로 하고, 샤를의 사망 시 안은 샤를의 뒤를 잇는 왕에게만 결혼할 수 있다는 조건이 붙어있었다.

프랑스 왕비 안이 어린 시절 부르타뉴 공국에서 받았을 교육에 대해서는 자료가 많이 없지만, 아마도 동시대 귀족여성들이 받았을 정도의 교육수준이었을 것으로 추정된다.

그녀는 중간 정도의 지능에 라틴어와 그리스어를 읽고 쓸 줄 알았지만 정작 그녀의 고향인 부르타뉴의 전통어인 부르통어는 말하지도 이해하지도 못했는데, 새로 옮긴 수도 낭트에서는 지방어를 사용하지 않았기 때문이다. 또 그녀는 매사냥을 즐겨했고 춤과 노래 그리고 약간의 악기를 다룰 줄 알았다고 한다.

1492년 2월 8일 안은 보르도 대주교 앙드레 데스피네 (André d'Espinay)의 축성으로 생드니 사원에서 프랑스 왕비대관식을 올렸다. 그녀는 생드니에서 대관식을 올린 프랑스의 첫 번째 왕비로 기록되었다. 남편 샤를 8세는 왕비 안이 부르타뉴 공작부인의 직위를 갖는 것을 금지했다. 그래서 프랑스 왕실에서나 부르타뉴에서조차 안의 입지는 좁을 수밖에 없었다.

샤를 8세가 이탈리아 원정을 떠났을 때 안은 리옹이나 믈랭, 그르노블로 거처를 옮겨 다니며 어린 자식들과 강제로 떨어져 지내야 했는데, 이유는 남편 샤를 8세가 결혼을 하면서 공식적으로는 섭정자리에서 물러난 시누이 안 드 보쥬가 샤를 8세가 프랑스를 비우자 다시 섭정자리를 차지하여 늘 안을 의심의 눈초리로 감시했기 때문이다.

이탈리아 원정에서 돌아온 샤를 8세는 앙부아즈 성의 증축을 명하고 공사 중인 앙부아즈 성을 떠나 근처 클로 뤼쎄(Clos-Lucé)로 잠시 거처를 옮겼다.

프랑스 투렌 지방에 위치한 앙부아즈 성(Château d'Amboise) 전경. 사진은 루아르 강에 걸쳐진 다리 위에서 찍은 것이다.

그녀는 수차례 임신을 했으나(평균적으
로 14개월에 한번씩) 어쩐 일인지 자식들은
모두 태어난 지 몇 개월 만에 숨졌다. 용케
도 3살까지 잘 자라던 왕세자 샤를-오를
랑(Charles-Orland, 1492~1495)이 홍역으로
사망하자 안의 슬픔은 극에 달했다.

랑제 성 안, 왕비 안의 침실 벽에 걸려있는
아들 샤를-오를랑의 초상화

실의에 빠진 안을 위해 남편 샤를 8세는 클로 뤼쎄에 작은 예배당을 지
어주었고 그녀는 그곳에서 기도와 침묵으로 하루하루를 보냈다.

투르 대성당(Cathédrale de Tours)에 있는 샤를 8세와 왕비 안의 왕세자 샤를-오를랑의 석관

착하고 다정다감한 남편 샤를 8세의 배려 덕분에 차츰 그녀도 마음을

추스르고 일상으로 복귀할 수 있었다.

　샤를 8세는 프랑스 왕 루이 11세(Louis XI de France, 1423~1483)와 그의 두 번째 부인 샤를로뜨 드 사보아(Charlotte de Savoie, 1441~1483)의 8명의 자녀 중 7번째 자녀로 1470년 6월 30일 앙부아즈 성에서 태어났다.

　샤를 8세는 지능이 약간 떨어지는 여드름투성이의 청년으로 역사와 지리, 신학 공부보다는 먼 옛날부터 전해 내려오는 기사들의 이야기에만 심취해 있던 모험심 강한 왕이었다. 두 젊은 부부는 금슬이 좋았으며 서로 깊이 사랑하였지만 왕자가 태어나지 않는 게 늘 근심거리였다.

　안은 프랑스 왕실에 처음으로 왕비의 시중을 들 시녀들을 두는 제도를 마련했다. 그녀의 곁에는 많을 때는 100명의 귀부인들이 항상 함께했다고 한다. 또 왕비는 그녀에게 면담을 요청한 많은 사람들을 늘 만나야했으며, 그들의 이야기를 들어줘야 했다. 그리고 그녀는 접견이 끝날 때쯤에는 항상 커다란 보석함에서 손에 잡히는 대로 보석을 꺼내 자신을 방문한 사람들에게 나누어 주었다고 한다.

　날이 갈수록 점점 교양 있는 모습으로 발전한 왕비는 특히 이탈리아 예술을 좋아했다. 그래서 그녀의 궁정에는 당대의 유명한 예술가들과 작가들이 많이 모여들었다. 따라서 그녀가 예술가들을 후원한 첫 왕비임은 의심의 여지가 없다.

앙부아즈 성의 왕의 접견실에 걸려있는 샤를 8세와 왕비 안 드 부르타뉴의 초상화

안은 동그란 얼굴에 흰 피부 그리고 커다란 눈과 볼록한 이마를 가진 예쁘장한 얼굴의 소유자였다. 그녀는 어릴 적 앓은 소아마비로 한쪽 다리가 짧은 장애를 갖고 있어서 늘 짧은 쪽 발에 굽이 높은 신발을 신고 다녔다.

1498년 4월 7일 예상치 못한 일이 발생했다.

이 날 오전에 샤를 8세는 왕비 안과 함께 죄 드 뽐므(Jeu de paume, 오늘날 테니스 경기와 흡사) 경기를 관람하러 말을 타고 앙부아즈 성을 나가던 중, 당시 공사 중이라 다듬지 못하고 얹어놓은 성문의 서까래에 머리를 세게 부딪쳐 두개골 골절로 그만 허무하게 사망하였다. 왕의 나이 28세였다.

슬픔에 잠길 시간도 없이 남편 샤를 8세가 죽은 지 3일 후부터 프랑스 궁정에서는 왕비 안의 결혼계획이 진행되었다. 안은 샤를 8세의 사망으로 부르타뉴 공국에 대해 프랑스 왕이 갖는 권리를 상속받아 부르타뉴 공작령을 관리하는 수장자리를 되찾게 되었다.

후계자 없이 사망한 샤를 8세의 다음 왕위계승자는 왕비 안에겐 5촌 아저씨뻘이 되는 오를레앙 공작 루이로 그는 8년 전 안의 결혼식 때 신부측 증인을 섰던 인물이었다. 그가 이제 루이 12세가 되어 1498년 5월 27일 새로운 프랑스 왕으로 즉위한 것이다.

루이 12세는 1462년에 블로아 성(Château de Blois)에서 태어났다. 그는 프랑스 왕 샤를 5세의 증손자로 아버지 샤를 도를레앙(Charles d'Orléans, 1394~1465)과 어머니 마리 드 클레브(Marie de Clèves, 1426~1487) 사이에 외아들로 태어났다. 루이 12세의 아버지 샤를 도를레앙은 아쟁쿠르 전투에서 잉글랜드의 헨리 5세에게 포로로 잡혀 잉글랜드로 압송된 후 런던탑에서 무려 25년간이나 포로로 갇혀 지낸 인물로, 당대의 유명한 시인이기도 했다.

루이 12세는 14살에 루이 11세의 딸 잔과 결혼했었으며 샤를 8세의 뒤를 이어 프랑스 왕이 되자 그는 왕비 안과 결혼하기 위해 본처인 잔을 버렸다. 그해 8월 19일 에땅프(Etampes)에서 전 왕비 안과 루이 12세는 약혼식을 올렸는데, 결혼식에 앞서 그녀는 고향 부르타뉴로 순례 여행을 떠나면서 루이 12세에게 그의 전처인 잔과의 결혼취소 승인을 1년 안에 얻어내라는 조건을 붙였다. 그리고 안은 왕비이자 부르타뉴 공작부인이라는 공식 직함을 갖고 왕비가 된 후 처음으로 그녀의 고향을 방문했다.

루이 12세는 22년 동안이나 결혼생활을 유지했으나 지긋지긋하게 싫

루이 12세와 안은 이 블로아성에서 주로 거주하였고
안은 이 성에서 사망하였다

었던 조강지처 잔 드 프랑스와의 결혼 취소 소송을 시작했다. 둘 사이에
자녀가 없는 것도 어찌 보면 루이 12세에게는 다행한 일이었다.

곧바로 투르 대성당에서 성직자들로 구성
된 재판부가 만들어졌다. 이 결혼 취소소송
은 반드시 루이 12세의 승소로 끝나야 했기
때문에 재판관들은 머리를 맞대고 합을 맞추
었다. 드디어 잔의 심한 절름발이 상태가 상
당히 반영된 "신체 결함으로 인한 정상적인
성생활 불능자"라는 쪽으로 재판이 그녀에
게 불리하게 진행되자 보다 못한 그녀가 직

잔 드 프랑스
(Jeanne de France, 1464~1505)

접 자신의 변론에 나섰다. "아무리 내가 다른 여성들처럼 정상적인 신체
와 예쁜 얼굴을 갖지는 못하였어도 나의 결혼생활은 지극히 정상적이었
다"고 그녀는 재판정에서 항변했다.

돈으로 매수된 재판관들은 애초에 부부관계 없는 결혼생활이었다는
방향으로 이 소송을 끝낼 생각이었으나 잔의 완강한 반항에 부딪히자 이
번에는 잔의 증조할아버지와 루이 12세의 할아버지가 형제지간이라는
'근친결혼'으로 몰고 가 소송을 끝내려 했다.

그리하여 루이 12세에게 매수된 교황 알렉상드르 6세에 의해 루이 12
세와 잔 드 프랑스의 결혼은 무효가 선포되었다. 남편 루이 12세와의 결

투르대성당 루이 12세와 잔 드 프랑스의
이혼소송이 이 성당에서 이루어졌다

혼이 취소된 후 잔은 베리 공작부인이라는 칭호를 얻고 살던 궁을 빠져 나와 부르즈(Bourges)로 갔다. 비록 남편에게 버림받은 불쌍한 조강지처 이지만 그녀는 엄연히 프랑스 공주였다.

잔은 프랑스 왕 루이 11세와 왕비 샤를로뜨의 다섯 번째 자녀로 샤를 8세의 바로 위 누나였다. 그녀는 평소 독실한 신자로 부르즈에 도착 후 곧바로 수녀가 되었다. 잔은 '아농시아드 수녀회(L'Ordre monastique de l'Annonciade)'를 직접 창설하여 평생 하느님을 섬기며 봉사의 삶을 살다 부르즈에서 사망했다. 1742년 6월에 시복된 그녀는 1950년 5월 28일에 교황 비오 12세에 의해 성녀로 선포되었고 매년 2월 4일이 그녀의 축일이다.

낭트의 생피에르 & 생폴 대성당. 고딕양식의 대성당으로 이곳에서 루이 12세와 왕비 안드 부르타뉴의 결혼식이 거행되었다.

해가 바뀐 1499년 1월 8일, 루이 12세와 안 왕비의 결혼식이 낭트의 생 피에르 & 생폴 대성당에서 성대하게 거행되었다.

프랑스 왕 루이 12세

안의 두 번째 남편과의 결혼계약서는 첫 번째 결혼계약서와는 본질적으로 달랐다. 첫 남편 샤를 8세와의 결혼계약서가 전쟁에 패한 공작녀의 저항할 수 없는 굴욕적인 조건이었다면, 두 번째 남편 루이 12세와의 결혼계약서는 미망인 상속지를 받은 젊은 왕비이자 공작부인으로서 결혼 상대자는 아버지의 사촌이자 동맹자이며 예전에 그녀에게 청혼했던 사람이었기 때문이다.

이로써 새로 쓴 결혼계약서는 안의 부르타뉴 지방에 대한 전체적인 권리를 인정하고, 공작령의 상속자로서 부르타뉴 공작부인 직함을 공식적으로 인정해주는 내용이었다. 1505년 안은 약 3개월 동안 부르타뉴 지방을 구석구석 다니며 어릴 때 보지 못한 곳도 다 둘러보았다.

공식적으로는 조상들이 잠든 곳을 순례하는 여정이었으나 실제로는 자신이 실질적인 이 지방의 통치자라는 것을 과시하고 또 세금이 잘 걷히는지 확인하는 차원이었다.

그녀는 낭트의 생 피에르 & 생 폴 대성당에 이탈리아 장인들을 초빙해
부모의 묘를 새로 조성했으며 이 아름다운 대리석 묘는 지금도 남아있다.

낭트의 생 피에르 & 생폴 대성당(Cathédrale Saint-Pierre & Saint-Paul) 안에 있는 왕비 안의 부모 프랑소와
2세와 마르그리뜨 드 푸아의 화려한 대리석 석관

루이 12세와 왕비 안의 여러 명의 자녀들 중 성인이 될 때까지 살아남
은 자녀는 두 딸뿐이었다.

첫째 딸 끌로드(Claude de France, 1499~1524)는 세 살 때 부르타뉴의 상속
녀로 책봉되고 나서 샤를 드 룩셈부르크(Charles de Luxembourg, 1500~1558)
와 약혼을 했다.

샤를이 끌로드의 약혼자로 떠오른 이유는 루이 12세가 3차 이탈리아 원정을 다녀온 직후 에스파니아와의 동맹을 강화시킬 필요가 있다고 판단되었기 때문이기도 했지만 대리혼까지 치렀으나 결혼무효 선언이 되었던 첫 남편 막시밀리언 1세의 손자와 자신의 딸을 결혼시키고자 했던 안의 바람도 크게 작용했다. 그러나 약혼은 취소되었다.

안은 샤를과의 동맹을 계속 이어나가려 했지만 프랑스 왕실에서는 앙굴렘 백작 프랑소와(Comte d'Angoulème, Francois, 1494~1547)와의 결혼을 진행시켰다.

안이 끝까지 이 결혼을 반대했기 때문에 그녀가 죽은 지 4개월 후에야 끌로드와 프랑소와의 결혼식이 이루어졌다. 후에 프랑소와 1세의 왕비가 된 끌로드는 어머니를 닮아 한쪽 다리를 절었고, 한쪽 눈이 심하게 돌아가는 사시를 가진 못생긴 외모였지만, 겸손하고 마음씨 착한 왕비였으며 또 병약한 몸이었음에도 왕비로서의 임무를 다하려 애썼다.

그녀는 프랑소와 1세와의 사이에 3남 4녀를 낳았는데 그중 둘째 아들이 훗날 앙리 2세로 아버지의 뒤를 이어 왕이 되었다. 왕비 끌로드는 남편을 비롯한 시댁식구들의 냉대와 왕실사람들의 멸시 속에 궁정에서 늘 외톨이로 지내며 남편의 정부들이 궁정에서 활개 치는 모습을 묵묵히 견뎌내다 바람둥이 남편 프랑소와 1세가 옮긴 매독에 감염되어 1524년 7월 20일 블로아 성에서 24세의 나이로 사망했다.

블로아 성에 전시되어 있는 프랑소와 1세의 왕비 끌로드의 조각상

또 루이 12세와 왕비 안의 둘째 딸 르네(Renée de France, 1510~1574)는 18살에 페라라 공작 에르큘 2세와 결혼하여 32년간 페라라 공작부인으로 이탈리아에서 지냈다. 르네는 조카 앙리 2세가 유아세례를 받을 때 그의 대모가 되어주었다. 그녀는 에르큘 2세와의 사이에 2남 2녀를 두었는데, 장녀 안 데스테는 프랑스의 카톨릭 동맹의 수장이었던 기즈 공작 프랑소와와 결혼했다. 페라라 공작부인 르네는 남편이 사망하자 다시 프랑스로 건너와 몽타귀 성에서 말년을 보냈다.

루이 12세의 사랑을 받으며 행복한 나날을 보내던 안 왕비였지만 여러 번의 출산과 유산을 겪으며 건강이 많이 악화되었다. 백약이 무효한 가운데 1514년 1월 9일 새벽 6시에 왕비는 37세를 일기로 블로아 성(Château de Blois)에서 숨을 거두었다. 공식사인은 신장결석이었다.

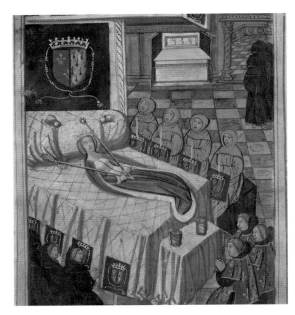

블로아 성에 안치된 왕비 안의 유해 곁에서 그녀의 넋을 위로하는 성직자들의 장례 미사 장면

죽기 전 그녀는 자신의 심장을 고향 낭트에 있는 부모님 곁에 묻어달라는 유언을 남겼다.

생드니 사원에서 거행된 왕비 안의 장례식은 유례없이 성대하게 치러졌다. 40일간의 장례 기간, 이것이 선례가 되어 18세기까지 왕실 장례식의 표본이 되었다

이때 처음으로 피에르 쇼크(Pierre Choque)라는 부르타뉴 출신의 왕실 근위대장이 장례식장에서 크게 3번 소리쳤다.

"La Reine est morte! La Reine est morte! La Reine est morte!"

"왕비가 돌아가셨다! 왕비가 돌아가셨다! 왕비가 돌아가셨다!"

부르타뉴 지방의 수도 낭트(Nantes)에 위치한 토마스 도브레 박물관(Musée Thomas-Dobrée)

그녀의 유해는 생드니에 안장되었고, 그녀의 심장은 따로 금으로 된 항아리에 담겨 납으로 봉해지고 철로 감싼 다음 부르타뉴로 보내졌다. 그녀의 심장은 현재 낭트에 있는 토마스-도브레(Thomas-Dobrée) 박물관에 보관되어있다.

토마스 도브레 박물관에 보관되어있는, 안 드 부르타뉴의 심장이 들어있는 금항아리

생드니 사원에 있는 루이 12세와 왕비 안 드 부르타뉴의 영묘

안 드 부르타뉴의 무덤은 역대 프랑스 왕과 왕비의 무덤들처럼 프랑스 대혁명 때 도굴 당했다. 흥분한 시민혁명군들에 의해 그들의 유해는 공동으로 파낸 웅덩이에 던져져 훼손당했으며 거친 흙으로 아무렇게나 덮어졌다.

오늘날까지 안 드 부르타뉴는 자애롭고 독실한 신앙심으로 국민을 사랑했던 왕비로 프랑스 국민들의 가슴에 남아있다.

그때까지 프랑스 국민들은 역대 프랑스 왕비들이 어디 출신인지 이름이 뭔지 알지 못했다. 그러나 안 드 부르타뉴는 당시 대부분의 국민들이 그녀의 출신과 이름을 알고 있던 최초의 왕비였다.

프랑스 왕 루이 12세와 왕비 안 드 부르타뉴의 영묘

5.

로 드 노브 (라우라)

(Laure de Noves, 1307~1348)

"페트라르카에게 짝사랑의 열병을 안겨준 불멸의 여인"

파리 뤽상부르 공원에 있는 로 드 노브(라우라)의 석상. 오귀스트 오땅 작. 1848년

LAURE DE NOVES

1507 - 1348

로 드 노브(라우라)는 1307년생이라는 설과 1310년생이란 설이 있는데 기록마다 다르므로 일단 뤽상부르의 석상에 기록된 대로 1307년으로 표기하기로 한다. 로는 프랑스 남부 엑상 프로방스(Aix-en-Provence) 부근의 노브(Noves)라는 작은 마을에서 지방 귀족의 장녀로 태어났다. 로의 아버지 피에르 오디베르는 타라스콩의 기사였으나

로 드 노브 초상화

그는 비교적 일찍 세상을 떠난 것으로 보인다. 그는 죽으면서 친구인 위제의 주교 로베르(Evêque Robert, d'Uzès)에게 두 딸 로와 알릭스를 부탁했는데 로베르는 친구의 딸들을 위해 가정교사를 구해주는 등 어린자매를 살뜰히 보살펴 주었다.

그 후 17살이 된 로는 사드백작 위그 2세와 1325년에 결혼했다. (18세기에 노브의 시립도서관에서 발견된 문서에는 로 드 노브가 사드백작 위그 2세와 1325년 1월 13일에 결혼했다는 결혼증명서가 지금도 남아있다. 그 문서에는 이 결혼의 공증인 레이몽 포카스의 서명도 선명하게 남아있다.)

지금까지의 서술은 700년 전에 남프랑스의 귀족가문에서 태어나 당시의 관습대로 15세 전후에 결혼한 한 귀족여성의 매우 간략한 일생에 대한 이야기다.

사실 뤽상부르 공원에 있는 스무 명의 여성들 중 그 존재만으로는 도저히 우리가 그녀의 삶에 대해 알 수 없는 여성은 로 드 노브가 유일하다. 왜냐하면 로는 왕비도, 여왕도, 왕의 어머니나 누이도 아닌 그저 평범한 프랑스의 귀족 여성이기 때문이다. 따라서 로는 이탈리아의 위대한 작가이며 시인인 프란체스코 페트라르카 없이는 그녀의 단편적인 삶이나마 우리가 알 수 있는 방법이 없다. 로는 페트라르카에게는 생과 사를 초월하는 불멸의 여인이며, 시적 영감을 불러 일으켜준 뮤즈이고, 평생 그리워한 사랑의 대상이었다. 그래서 페트라르카의 삶속에서의 로를 이야기해야지만 우리는 진정한 로를 만날 수 있다고 믿는다.

프란체스코 페트라르카(Francesco Petrarca, 1304.7.20.~1374.7.19)는 이탈리아 토스카나 지방의 아레쪼(Arezzo)에서 1304년에 태어났다. 그의 아버지는 피렌체에서 공중인으로 일하고 있었는데 당시 대립교황의 편에서서 활동하다가 흑당으로부터 추방당해 프랑스 아비뇽으로 쫓겨 오는 바람에 페트라르카와 동생 게라르도는 부모와 함께 아비뇽에서 어린 시절을 보냈다.

자라면서 페트라르카 형제는 아버지의 뜻에 따라 몽펠리에 대학에서 법학을 공부했다. 그리고 후에는 당시 유럽의 명문인 볼로냐 대학에서도 수학했다. 그러나 페트라르카와 동생 게라르도는 법률공부에 뜻이 없었고 아버지가 사망하자마자 형제는 법학공부를 그만두었다.

그리고 페트라르카는 그 당시 대립교황이 있던 아비뇽 교황청에서 지

오반니 코론나 추기경의 비서로 발탁되어 숙식이 해결되는 일자리를 얻었다. 후에 페트라르카는 교황청의 외교사절로 여러 도시를 방문하여 그의 세계관을 넓혔고 교황청 지하의 방대한 서고에서 매일 밤을 지새우며 공부하여 그의 학식을 넓혔다.

그곳에서 그는 키케로(Ciceron, B.C106~B.C43)의 서간문을 발견하여 이탈리아어로 번역했고 아우구스티누스를 일생의 영적 스승으로 섬기며 그에게서 문학적 교양을 물려받았다. 페트라르카를 일컬어 최초의 르네상스적 인문주의자로 부르는 까닭은 그가 생각하고 읽고 쓰는 일을 직업으로 삼은 최초의 인물이기 때문이다.

단테와 보카치오 그리고 페트라르카는 이탈리아 르네상스의 대표적인 3대 문인이다.

1327년 4월 6일 운명의 그날 새벽, 페트라르카는 아비뇽 교황청의 부속교회인 생트 클레르(Chapelle Sainte-Claire)에서 푸른 드레스를 입은 로 백작부인이 새벽 미사를 마치고 계단을 내려오는 모습을 보고 첫눈에 반한다. 그녀의 아름다운 얼굴과 눈부시도록 흰 피부 그리고 유난히 하얀 손을 보고 가슴 떨

페트라르카 대리석 상. 우피치 미술관 소장

려하던 23살의 페트라르카는 그 후 평생에 걸쳐 로를 잊지 못하여 불면의 밤을 울면서 보냈다고 그는 자신의 시 속에 그 심경을 절절히 풀어놓았다. 그러나 로는 이미 아이가 둘이나 있는 어머니였고 행복한 결혼생활을 하던 유부녀였다.

그럼에도 페트라르카는 '로(Laure)'를 이탈리아식 이름인 '라우라(Laura)'라는 이름으로 명명하며 366편의 서정시인 『칸초니에레』 시집에 그녀를 숭배하는 시를 썼다. 페트라르카는 딱딱한 라틴어 대신 이탈리아 속어로 시를 썼기 때문에 그의 사랑과 연모의 감정은 읽는 이로 하여금 더 절실하게 마음에 와 닿을 수 있었다.

페트라르카는 로를 만나기 전까지는 자신이 일하고 있던 도시 아비뇽을 위선과 거짓과 음모가 난무하는 "살아있는 자들의 무덤"이라며 증오했으나 로를 만나고 나서는,

"오늘과 이 달과 올해가 축복받기를
  계절과 시간과 이 순간도.
  이 아름다운 지역 아비뇽,
  나를 쇠사슬로 묶어버린 그 아름다운 두 눈이여!"

라며 그녀를 만나게 해준 아비뇽을 찬미하는 이중성을 보이기도 했다.

전해지는 이야기에 따르면 로가 시인과 마지막으로 만난 것은 1347년

9월 27일이라고 한다. 그것은 로를 잊지 못한 페트라르카가 용기를 내어 그녀를 방문하여 이루어진 것으로 두 사람이 무슨 이야기를 나누었는지는 알 수 없지만 헤어지면서 로는 페트라르카에게 자신의 초상화를 선물로 주었다고 한다.

그 후 페트라르카는 아비뇽을 떠나 베네치아, 로마, 볼로냐를 오가며 교황청의 외교사절로 또 작가로 활발한 활동을 하고 있었다. 페트라르카는 카르타고의 한니발 장군을 무찌른 로마의 장군 스키피오 아프리카누스의 일대기를 쓴 『아프리카』로 로마에서 수여한 계관시인의 영예를 안았다. 그리고 그즈음 페트라르카는 두 명의 사생아를 얻었다.

페트라르카가 베로나에 머물고 있을 때 그는 친구 루이로부터 한 통의 편지를 받았다. 그것은 로가 아비뇽에서 페스트로 사망했다는 소식이었다. 페트라르카는 1348년 5월 19일에 편지를 받았고 로는 4월 6일에 사망했다. 로가 사망한 날은 페트라르카가 로를 처음 본 그날이었다.

페트라르카와 라우라의 프레스코화

로는 사망한 날 바로 사드 백작의 가족예배당에 묻혔다.

로의 죽음으로 시인은 이 사랑하는 여인을 위해 더 많은 사랑의 노래를 만들었다. 진정한 사랑은 그런 것이 아닐까? 만나지 않고 보지 않아도 계속 사랑하는 것……

(1533년 시인 모리스 세브(Maurice Scève, 1501~1564)가 증언한 바에 따르면, 그는 로 드 사드 백작부인의 무덤을 열 때 우연히 참관하게 되었는데 묘석의 장식에는 월계관 가지가 조각되어 있었고 장미가 십자가를 둘러싸고 올라가는 모양이었다고 전했다.)

그리고 몇 달 후 그 소식을 들은 프랑스 왕 프랑소와 1세가 로의 무덤을 보려고 아비뇽을 방문했다. 평생 두 번 본 여인을 일생동안 사랑하여 그녀를 자신의 시 속에서 불멸의 여인으로 만든 위대한 시인 페트라르카는 말년에 아르쿠아(Arqua)에 정착해 딸 프란체스카와 함께 지냈다.

그는 1374년 7월 19일 읽고 있던 베르길리우스의 책에 머리를 묻고 조용히 세상을 떠났다. 그의 나이 69세였다.

6.

마르그리뜨 드 프로방스

(Marguerite de Provence, 1219~1295.12.20.)

"최초로 프랑스 왕국이 아닌 이교도의 땅에서 세 아이를 낳은 용감한 왕비"

파리 뤽상부르 공원에 있는 마르그리뜨 드 프로방스의 석상. 오노레 위쏭 작. 1847년

MARGUERITE DE PROVENCE
REINE DE FRANCE
1219~1295

마르그리뜨 드 프로방스는 1219년 프로방스의 포칼키에(Forcalquier) 현에서 태어났다. 그녀의 아버지는 프로방스 백작 레몽 베렝제 4세 (Raimond-Bérénger Ⅳ, 1198~1245)이고 어머니는 사보아의 베아트리스 (Béatrice de Savoie, 1198~1266)이다.

마르그리뜨가 태어난 포칼키에 현 가족 소유의 성은 부유한 궁정이었고 이 프로방스 가문은 역사적으로 사건이 많았던 집안이었다.

아라곤 왕국 문장

아버지 레몽 베렝제 4세는 아라곤 왕국의 방계혈통인 까탈루냐 백작가문(Comtes de Catalogne)을 선조로 두고 있는데, 레몽은 이 가문이 마지막으로 다스린 프로방스의 영주이기도 하다. 레몽은 템플기사단의 프로방스 지역단장인 기욤 드 몽트르동에게 교육을 받았으며 매우 똑똑하고 용감한 인물로 알려져 있다. 그는 아버지 알퐁스 백작으로부터 물려받은 자신의 영지를 지켜내기 위해 주변 영주들과 무던히 싸웠던 사람이었고 프로방스 주변의 다른 백작령들을 통합시키기 위한 몇몇 음모에 적극 가담하기도 했던 인물이었다.

또 마르그리뜨의 어머니 사보아의 베아트리스는 1198년 사보아공국의 수도 샹베리(Chamberry)에서 태어났으며 1219년 6월 5일 동갑내기인 프로방스 백작 레몽 베렝제 4세와 결혼하여 프로방스 백작부인이 되었다.

마르그리뜨의 아버지 레몽 베렝제 4세의 동상

베아트리스는 일찌감치 그 근방에서 미모와 교양을 겸비한 백작부인으로 명성이 자자했다. 그녀의 궁정은 항상 많은 손님들로 북적였고, 남프랑스의 온화한 날씨와 풍요로운 인심과 멋진 풍경 속에 그녀를 숭배하는 음유시인들의 시낭송 소리가 성에서 일 년 내내 끊임없이 울려 퍼졌다. 늘 음악소리가 끊이지 않는 활기찬 백작부부의 궁정에는 엄마를 닮아 하나같이 예쁜 네 자매가 살고 있었는데, 첫째 딸의 이름은 마르그리뜨(Marguerite)이고, 둘째 딸의 이름은 엘레오노르(Eléonore)이며, 셋째 딸의 이름은 산시아(Sancie), 넷째 딸의 이름은 베아트리스(Béatrice)이다.

이 네 자매는 서로의 미모를 뽐내며 풍요로운 프로방스 지방에서 아무 근심걱정 없는 유년의 날들을 보내고 있었다. 다만 아버지 레몽 베렝제 4세는 자신의 뒤를 이을 아들이 없다는 것이 근심거리이긴 했지만 그는 당시의 귀족들과는 달리 자신의 후계자 문제에 크게 개의치 않았다.

더 이상 자식을 낳을 능력이 없을 것을 안 어머니 베아트리스는 네 자매들을 아들 못지않은 인물들로 키우겠다고 다짐했다.

그녀는 이 조용하고 풍요로우나 변방인 프로방스 말고 좀 더 넓은 세상으로 딸들을 시집보내고자 했다. 그리하여 언제가 될지는 모르나 그녀는 네 딸들에게 늘 "왕비가 되면"이라는 말을 하면서, 왕비가 되면 지녀야 할 덕목과 교양과 신앙심을 갖도록 교육시켰다. 그리고 라틴어를 비롯해 승마와 악기 다루는 법도 가르쳤다.

프로방스의 네 자매를 훌륭하게 키워내 모두 유럽의 왕비로 만든 어머니 베아트리스 드 사보아의 석관

그러던 어느 날 마침내 그녀의 예상은 적중했다.

첫째 딸 마르그리뜨가 이제 막 결혼적령기에 접어든 14살이 되었을 때 프랑스 왕실에서 왕의 사절단이 백작의 궁으로 찾아온 것이다. 결혼사절단의 우두머리는 성스의 대주교 고티에 코르뉘(Gauthier Cornu)로 왕의 모후 블랑슈 드 카스티유(Blanche de Castille, 1188~1252)가 여러 경로를 통해 직접 신붓감을 알아본 후 특별히 마르그리뜨를 점찍고 결혼협상을 타진하기위해 보낸 것이다.

변방의 백작가문이 프랑스 왕실의 사돈이 된다는 건 그야말로 가문의 영광이었지만 한편으로는 백작부부의 근심이 이만저만이 아니었다. 왜냐하면 왕실에서 요구한 마르그리뜨의 결혼지참금이 부부에게 너무 부담되는 금액이었기 때문이다.

아무리 부유한 백작가문이었다고 해도 10,000마르크의 지참금을 한꺼번에 마련할 방법은 현실적으로 불가능했다. 레몽 베렝제 백작은 우선 가지고 있던 현금과 또 영지 내 몇몇 작은 읍들을 매각해 2,000마르크를 마련했다.

1234년 4월 30일 프랑스 왕실에서 예수승천일 전에 결혼식을 올리자며 기별이 왔다. 그 해의 예수승천일은 6월 1일이었고, 결혼 날짜가 촉박하게 다가오자 백작은 딸의 결혼지참금 마련에 대해 결단을 내려야 했다.

백작은 1239년 11월 1일까지 8,000마르크를 완납하는 조건으로, 타라스콘 성(Château de Tarascon)과 그 성의 수입을 담보로 내놓았고, 이 조건의 보증인으로 엑상 프로방스 대주교 레몽 오디베르(Raimond Audibert)를 내세웠다. 이 제안을 전해 들은 왕실에서 조건을 수락하자 마르그리뜨의 결혼준비는 일사천리로 진행되었다.

트루아와 퐁텐블로의 중간 지점에 위치한 도시 성스.
이 성스 대성당에서 루이 9세와 마르그리뜨가 1234년 성대한 결혼식을 올렸다.

그러나 마르그리뜨의 지참금은 그 후 유야무야되며 완납되지 않았고, 결국 마르그리뜨는 2,000마르크의 지참금만 내고 프랑스 왕비가 된 셈이다.

결혼식 날짜가 다가오자 프랑스 왕 루이 9세는 고티에 코르뉘를 다시 프로방스로 보내 신부 마르그리뜨를 파리로 에스코트해 오라고 명령했다.

1234년 5월 27일 드디어 결혼식 날 아침이 밝았다. 결혼식이 거행될 파리 남쪽의 도시 성스에는 며칠 전부터 도착해있던 귀족들이 속속 결혼식에 참석하기 위해 성당으로 모여들었다.

신랑 측 하객으로는 루이 9세의 두 동생 아르투아 백작 로베르(Robert d'Artois, 1216~1250)와 푸아티에 백작 알퐁스(Alphonse de Poitiers, 1220~1271)를 비롯하여 친인척 귀족들 그리고 모후 블랑슈 드 카스티유의 조카 포르투갈 왕 알폰소 3세(Alphonse Ⅲ de Portugal, 1210~1279)가 참석했다. 또 신부 측 하객으로는 백작부부와 세 명의 자매들 그리고 마르그리뜨의 외삼촌 발렁스 주교 기욤 드 사보아(Guillaume de Savoie)가 참석했다.

이 결혼식은 성스 대주교 고티에 코르뉘가 집전하기로 되어있었다. 마침내 결혼식이 거행됨을 알리는 종이 성스 시내에 일제히 울려 퍼지자 대주교는 대성당 문 앞에서 신랑과 신부를 손잡게 하여 같이 입장하게 했다.

성스 대성당(Cathédrale Sens) 내부. 지금으로부터 800년 전 이곳에서 프랑스 왕 루이 9세의 결혼식이 거행되었다.

이리하여 신랑과 신부는 그날 처음 서로의 얼굴을 보았고 마르그리뜨의 눈부신 미모에 신랑은 눈을 떼지 못했다고 한다. 신랑 루이 9세는 20살, 신부 마르그리뜨 드 프로방스는 15살이었다. 다음날인 5월 28일 마르그리뜨는 같은 성당에서 왕비대관식도 거행했다.

결혼식 피로연은 무려 세 달 동안이나 이어졌다. 성당 앞 광장에 펼쳐진 흰 차일은 마치 뭉게구름처럼 나부끼며 마르그리뜨의 결혼을 축하해주는 듯했다. 왕의 악사들이 연주하는 음악에 맞춰 펼쳐지는 어릿광대들의 춤과 공연을 보려고 많은 사람들이 구름떼처럼 모여들었다. 그들은 모두 기름진 음식과 와인을 마시며 즐거워했고 근방의 가난한 사람들도 이 기간 동안은 누구나 배불리 먹었다. 근처 샹파뉴와 오를레앙에서 온 귀부인들은 앞다투어 보석과 비단과 모피를 왕비 마르그리뜨에게 결혼 선물로 바쳤다.

이 피로연에 쓰인 돈이 무려 2,500마르크였다는데 그것은 당시 프랑스 농부의 한 달 월급의 3,000배에 해당하는 금액이었다고 한다. 더구나 그 시기는 계속되는 귀족들의 반란 등 내전으로 인해 왕실재정이 극도로 궁핍하던 때였다.

결혼 첫날밤 신랑 루이 9세는 신부와 잠자리를 하지 않았다. 그는 3일 동안 어린신부 마르그리뜨에게 '기도하는 방법'에 대해 자세히 설명해주었다.

어린나이에 고향에서 멀리 떨어진 곳으로 시집 온 마르그리뜨는 엄격한 왕실법도와 낯선 궁정생활에 적응하기가 무척 힘들었다. 그리고 냉정한 시어머니의 호된 시집살이에 눈물로 지새우는 날도 많았다. 그러나 자상한 남편이 곁에서 늘 힘이 되어 주었다. 그러나 오늘날까지도 프랑스 왕실에서 시집살이 호되게 한 며느리로 그녀가 기억되는 이유는 유별난 시어머니 때문일 것이다.

왕의 모후 블랑슈 드 카스티유는 마르그리뜨의 아버지 레몽 베렝제 4세와 먼 친척뻘이 되며 더구나 그녀는 마르그리뜨를 며느릿감으로 직접 뽑았었다. 그럼에도 시어머니 블랑슈 드 카스티유는 금슬 좋은 아들내외를 질투하여 늘 부부를 감시했다. 블랑슈 드 카스티유는 아들내외가 낮 시간에 함께 있는 것을 금했는데 루이 9세는 집무실 뒤에 비밀계단을 만들어 놓고 어머니 몰래 아내를 만나러 갔으며 이미 잠자리에 든 아들을 밤에 불러내도 효자였던 루이 9세는 그때마다 군말 없이 어머니 말을 따랐다.

시어머니 블랑슈 드 카스티유의 철통같은 감시 탓에 마르그리뜨는 매일 노이로제 상태에 놓여있었다. 그 때문인지 마르그리뜨는 결혼한 지 5년이 지나도록 아이를 낳지 못했다. 왕비가 임신했다는 소식이 들려오지 않자 혹시 불임이 아닌지 왕실에서는 걱정이 이만저만이 아니었으며 마르그리뜨가 곧 궁에서 쫓겨날지도 모른다는 소문이 파다하게 퍼졌다.

급기야 시어머니 블랑슈 드 카스티유의 권유로 루이 9세와 왕비 마르그리뜨 부부는 시토회 소속의 수도원 보 드 세르네(Abbaye des Vaux-de-Cernay)의 티보 드 마를리(Thibaut de Marly, ?~1247) 원장을 방문했다. 부부는 그에게 아이를 낳게 해 달라며 간곡히 기도를 청했다.

그리고 부부가 수도원 정원을 걸어 나올 때 티보 드 마를리 원장이 뜰에 피어있는 백합을 정확히 11송이 꺾어 왕비에게 선물로 주었는데 신기하게도 수도원을 다녀온 몇 달 후 왕비는 거짓말처럼 첫 임신을 하게 되었다. 그리고 10명의 아이를 더 낳아서 총 11명의 자녀를 낳았다.

티보 드 마를리가 마르그리뜨 왕비에게 백합 11송이를 선물하고 있다.
조셉-마리 비앙(Joseph-Marie Vien, 1716~1809)작. 1776년. 베르사이유 궁전 소장.

이 소문은 프랑스 전역에 퍼져나갔고 티보 드 마를리 원장은 '다산의 아이콘'이 되었으며 그의 무덤은 그 후 자식을 낳지 못하는 사람들의 성지순례지가 되었다. 훗날 마르그리뜨 왕비도 아들 필립 3세와 함께 자주 그의 무덤을 찾아왔다고 한다.

티보 드 마를리는 훗날 성인으로 추대되어 생 티보(Saint Thibault)로 시성되었고 그의 기념일은 7월 8일이다.

마르그리뜨는 결혼 6년 만인 1240년, 첫딸 블랑슈를 낳아 불임이 아니라는 걸 확인한 후 1244년에는 드디어 첫아들 루이를 낳아 프랑스 왕비로서 확고한 위치를 지키게 되었다. 그러나 이듬해에 고향에서 아버지 레몽 베렝제 4세가 사망했다는 소식이 들려오자 마르그리뜨는 슬픔에 빠졌다. 그녀는 홀로 남겨진 어머니 베아트리스를 무척 걱정했는데 베아트리스는 남편이 사망하자 미망인 상속지로 물려받은 고향 사보아 지방의 샹베리로 돌아갔다.

베아트리스는 에셸 성(Château d'Echelles)에서 조용한 말년을 보냈다. 그녀는 성 요한 기사단에게 토지를 하사하여 그들이 기사령을 운영하며 자급자족할 수 있게 해주었고, 또 가난한 사람들을 위한 병원을 짓는데 쓰라며 기사단에게 3,000마르크를 기부한 기록이 지금도 남아있다. 그리고 1266년 아름다운 말년을 보낸 베아트리스 백작부인은 샹베리에서 사망하여 사보아 가문의 가족묘가 있는 오뜨꼼브 수도원(Abbaye d'Haute Combe)에 묻혔다.

그녀는 첫째 딸 마르그리뜨를 프랑스 왕 루이 9세의 왕비가 되게 했으며, 둘째 딸 엘레노어는 잉글랜드 왕 헨리 3세의 왕비가 되게 하였고, 셋째 딸 산시아는 헨리 3세의 동생 콘월공작 리차드와 결혼하여 훗날 남편이 로마 왕이 되자 그녀도 왕비가 되었고, 넷째 베아트리스는 루이 9세의 동생 앙주백작 샤를과 결혼하여 백작부인이 되었다가 후에 샤를이 시실리와 나폴리의 왕이 되면서 그녀도 왕비가 되었다.

마르그리뜨의 바로 밑의 동생 엘레노어(1223~1291)

마르그리뜨의 둘째 동생 산시아(1228~1261)

마르그리뜨의 셋째 동생 베아트리스(1231~1267)와 남편 샤를 당쥬의 프레스코화

6. 마르그리뜨 드 프로방스   165

유럽 역사상 전무후무하게 4명의 딸들을 모두 왕비로 키우고 빼어난 미모와 지성으로 남프랑스의 음유시인들로부터 찬사를 한 몸에 받으며 예술가들을 후원했던 베아트리스는 진정 존경할 만한 중세의 완벽한 여성상이었다.

마르그리뜨는 고집도 있고 할 말은 하는 똑부러지는 성격으로 다소 건 방진 성격이었다고 기록되어 있는 것으로 봐서 남편에게도 마냥 순종적인 아내는 아니었던 것 같다. 그녀는 루이 9세가 잉글랜드의 헨리 3세(Henri Ⅲ roi d'Angleterre, 1207~1272)와 전쟁을 하기 위해 출발하는 날까지도 남편의 출정을 반대했으며 이 전투에서 승리를 한 루이 9세가 전리품으로 획득한 아키텐을 다시 잉글랜드로 돌려주라고 압력을 가한 것도 그녀였다.

마르그리뜨는 바로 아래 동생인 엘레노어를 누구보다 사랑했으며 왕비가 되어서도 두 자매는 계속 서신을 교환할 정도로 자매의 우애가 두터웠기 때문에 그녀는 엘레노어가 왕비로 있는 잉글랜드를 도와주려는 입장이었다.

1248년 프랑스 왕 루이 9세는 십자군 원정을 떠나기로 결심하고 그에 따른 준비를 진행하고 있었다. 프랑스 왕들 중 유일하게 성인으로 추존된 루이 9세는 경건한 신앙심을 바탕으로 국민들에게 선정을 베푼 왕이었으며 보잘것없는 하층민들에게까지 관용과 사랑으로 대했던 위대한 성왕으로 지금도 프랑스 국민들의 존경을 받는 왕이다.

7차 십자군 원정대가 배를 타고 이집트를 향해 출발하고 있다. 가운데 왕관을 쓴 사람이 루이 9세이다.

비록 실패한 원정이었다고는 해도 그는 십자군 원정을 두 번이나 계획하고, 다녀온 유일한 왕이었다.

1248년 8월 모든 원정 준비를 마친 루이 9세는 어머니 블랑슈 드 카스티유에게 섭정을 맡기고 남프랑스의 에그 모뜨(Aigues-Mortes)항에서 25,000명의 기사를 포함한 군인들과 8,000필의 말을 태우고 대망의 7차 십자군 원정길에 나섰다. 왕비 마르그리뜨와 동생 로베르, 알퐁스, 그리고 샤를이 모두 루이 9세와 함께 성지로 떠나는 왕족들이었다.

원정대는 이듬해인 1249년 5월 이집트의 다미에뜨(Damiette) 항구에 상륙했다. 6월 9일 의외로 쉽게 다미에뜨가 함락되자 한껏 고무된 원정대 내부에서는 그 기세를 몰아 카이로를 향해 진격하자는 의견이 지배적이었고, 이후 카이로를 점령하기 위해서는 필수적으로 장악해야 하는 도시 만수라(Mansourah)를 향해 출발했다.

이때 루이 9세의 동생 로베르 아르투아와 템플기사단 단장 기욤 드 손낙(Guillaume de Sonnac, 1200~1250)이 의견충돌을 일으켰는데 성미 급한 로베르는 야간을 틈타 나일강을 넘어 도시를 함락하자는 주장이었고, 기욤은 지금이 우기인 것을 감안하여 좀 더 신중한 전략을 펼쳐야 한다는 주장이었다. 결과는 로베르의 고집에 따라 야밤에 나일강을 건너는 것으로 확정되었다.

그러나 강 건너 만수라 요새에는 이집트 맘무르크 왕조의 바이바르스(Baybars, 1223~1277)라는 용감한 지략가가 십자군 원정대를 기다리고 있었다. 십자군 원정대가 강을 건너 만수라 요새에 들어서자 성문이 닫히고 전방에는 이집트 군대가 바리케이트를 치고 있고 후방에는 범람한 나일강이 버티고 있어 십자군 원정대는 꼼짝없이 적에게 포위당한 형국이었다.

이 만수라 전투에서 280명의 템플기사단 기사들 중 살아남은 사람이 고작 5명일 정도로 십자군 원정대는 그야말로 학살 그 자체였고 만수라 전투는 완벽한 패배였다. 이 와중에 루이 9세의 동생 로베르와 템플기사단 단장 기욤 드 손낙이 전사했다.

십자군 원정대의 정예부대인 템플기사단의 몰락은 루이 9세에게도 치명

적인 약점이 되었다. 설상가상으로 나일강의 범람으로 보급로가 막힌 원정대는 식량부족과 오염된 식수로 인해 막사 내에 전염병까지 돌기 시작했다.

1250년 4월 6일 파리스쿠르 전투에서 루이 9세가 동생 알퐁스 드 푸아티에와 샤를과 함께 이집트군에게 사로잡혔다. 이집트 왕이 제시한 막대한 보석금을 마련하기까지 루이 9세와 동생들 그리고 귀족들은 성에 볼모로 잡혀있었다. 남편이 포로생활을 하는 동안 마르그리뜨 왕비는 직접 군대를 통솔하고 지휘해야만 했다. 그리고 그녀는 템플기사단을 설득해 남편의 보석금을 마련하도록 종용했다.

마침내 5월 6일 이집트 왕이 제시한 40만 금화 가운데 일부가 마련되어 루이 9세는 석방될 수 있었다. 그러나 나머지 잔금이 완납될 때까지 루이 9세의 동생 알퐁스와 샤를은 볼모로 잡혀있어야 했다. 동생 로베르는 전투 중에 사망했고 나머지 두 동생들도 적군에 잡혀있는 상황에 당시 루이 9세의 심정이 어땠을까는 가히 짐작하고도 남음이 있다.

가까스로 나머지 보석금을 마련하여 두 동생들이 풀려나자 루이 9세는 한숨을 돌릴 수 있었다. 그러나 이번에는 프랑스에서 자신 대신 국정을 돌보며 사랑하는 아들들의 무사귀환을 오매불망 기다렸을 어머니 블랑슈 드 카스티유의 사망소식이 들려왔다.

루이 9세는 진퇴양난에 빠졌다. 그러나 그는 프랑스로 돌아갈 수 없었다. 이교도의 나라에 하나님의 나라를 세우겠다는 원대한 꿈을 저버리고 조국으로 돌아간다는 것은 그의 자존심이 허락지 않았다. 그래서 그는 사랑하는 어머니의 장례식에 불참하더라도 십자군 원정의 명분을 지켜 나가야겠다고 생각했다.

　루이 9세는 마르그리프 왕비와 함께 예루살렘으로 가서 그 곳에 몇몇 교회와 수도원을 지으며 3년을 더 머무른 후 1254년 9월 7일 고국에 돌아왔다. 비록 실패한 원정이었지만 프랑스 국민들은 루이 9세가 엑상 프로방스를 통과해 파리로 올라오는 길가에 도열해 위대한 왕의 귀환을 열렬히 환영해 주었다.

루이 9세가 지은 세계에서 가장 아름다운 스테인드글라스를 자랑하는 파리의 생트 샤펠(Sainte Chapelle) 예배당

루이 9세가 예수님의 가시면류관을 보관하기 위해 야심차게 지은 생트 샤펠 예배당

귀국 후에 루이 9세는 자신의 부재로 인해 피폐해진 국민들의 삶을 다시 윤택하게 해주고 또 국가경영의 내실을 기하기 위해 도박, 고리대금업, 매춘을 금하고 세제를 개편하는 등 국내정치에 힘썼다.

그의 치세 동안 수많은 대성당(파리 노트르담, 샤르트르, 아미앵, 랭스, 보베, 루앙대성당)이 건축되거나 증축되었으며 아름다운 스테인드글라스로 유명한 생트 샤펠(Sainte Chapelle) 예배당도 루이 9세에 의해 건축되었다. 또 어머니 블랑슈 드 카스티유가 살아있었을 땐 함께 많은 수도원을 지었었다.

그가 종종 파리 근교의 방센 숲에서 손수 재판을 주재한 이야기는 유명하며, 나아가 주변국들의 영주들이 자신들의 다툼에 대해 왕에게 분쟁을 조정해달라는 요청이 쇄도하기도 했다. 이 시기가 왕비 마르그리트에게는 가장 행복한 날들이었다.

그러나 루이 9세는 실패한 십자군 원정에 대한 미련이 계속 남아있었고 또 막내 동생인 나폴리 왕 샤를의 끈질긴 권유로 다시 십자군 원정에 대한 꿈을 꾸게 되었다. 성지에서 너무도 많이 고생한 기억을 떨쳐버릴 수 없었던 왕비는 남편의 새로운 십자군 원정을 반대했다. 그러나 남편의 고집을 꺾을 수는 없었다.

한편 루이 9세는 7차 십자군 원정 때와 달리 8차 십자군 원정은 국내외 상황이 너무도 다르다는 것을 뼈저리게 느꼈다.

우선 교황 클레멘스 4세도 이 원정을 탐탁해 하지 않았고, 십자군 원정이라면 지긋지긋해하는 귀족들도 설득해야 했다. 아무리 프랑스가 당시 서유럽 최고의 부유한 국가라 할지라도 대규모 병력을 모으고 원정 준비를 하는 데는 엄청난 액수의 돈이 필요했기 때문이다. 8차 십자군 원정은 7차 때의 이집트가 아

8차 십자군 원정대가 튀니스를 공략하는 장면을 묘사한 삽화

니라 가까운 튀니지(Tunisie)로 정했다. 루이 9세는 튀니지 왕을 기독교도로 개종시켜 주변의 이교도 국가들을 점차로 카톨릭 국가로 만들어 나가겠다는 나름 순진한 생각을 갖고 있었던 것이다.

1270년 3월 4일 방센 성에서 왕비 마르그리뜨와 작별인사를 한 루이 9세는 아들 셋을 포함한 대규모 병력을 이끌고 원정길에 올랐다. 그리고 에그 모뜨(Aigues-Mortes) 항에서 사위 나바르 왕 티보 2세(Thibaut II de Navarre, 1239~1270)와 합류했다.

7월 초, 튀니스 근방에 상륙한 8차 십자군 원정대는 손쉽게 카르타고를 점령했다. 그러나 지중해의 습기 가득한 한여름의 더위와 오염된 식수로 인해 수인성 전염병이 또다시 원정대 막사에 퍼졌다.

8월 3일에 아들 장 트리스탄이 전염성 이질로 목숨을 잃었다. 그리고 8

파리 외곽에 위치한 생드니사원. 최초의 고딕성당이며 역대 프랑스
왕족들의 무덤이 보관되어있다

월 25일에는 루이 9세도 이 전염병의 희생양이 되었다. 그의 나이 56세였다. 원정에 동행했던 왕세자 필립이 필립 3세(Philippe Ⅲ, 1245~1285)로 즉위하여 아버지 루이 9세와 동생 장 트리스탄의 유골함을 운반하여 파리에 도착한 건 1271년 5월 21일이었다.

루이 9세는 죽기 전 아들 필립 3세에게 자신의 장례식을 최대한 간소하게 하라고 유언했으나 위대한 성왕을 애도하는 물결은 프랑스 전역에 확산되어, 노트르담 대성당에서 거행된 왕의 장례식에는 모여드는 사람들로 인산인해를 이루었다.

1297년 8월 11일 교황 보니파키우스 8세는 루이 9세를 '프랑스의 생 루이'로 명명하며 성인으로 선포하였다. 그의 기념일은 8월 25일이다. 왕비 마르그리뜨는 49세의 나이에 사랑하는 남편을 잃고 미망인이 되었다.

이번 8차 십자군 원정에서 그녀는 남편뿐 아니라 아들 장 트리스탄, 사위 나바르 왕 티보 2세, 그리고 며느리 아라곤의 이자벨(Isabelle d'Aragon, 1247~1271)과 시동생 알퐁스 백작 내외 등 그녀의 소중한 가족들을 한꺼번에 잃었다.

얼마 후 아들 필립 3세의 대관식에 참석한 것을 끝으로 마르그리뜨는 더 이상의 공식석상에 모습을 보이지 않았다. 조용히 은퇴해 살던 그녀는 1295년 12월 20일 76세를 일기로 파리에서 사망하여 생드니 사원 왕실묘역 남편 곁에 묻혔다.

마르그리뜨는 왕비 시절 남편을 따라 십자군 원정에 동행하여 여성의 몸으로 척박한 이방인의 나라에서 아이를 셋이나 낳으며 남편 곁을 지켰던 용감한 여성이었다. 그녀는 프랑스로 돌아와서도 국정에는 거의 개입하지 않고 조용하게 내조하는 스타일이었으며 그래서인지 다른 왕비들처럼 수도원 건립이나 교회의 건설에 그녀가 관여했다는 기록은 어디에도 찾아볼 수 없다.

튀니지에서 사망한 아버지 루이 9세의 성골함을
메고 생드니 사원에 들어서는 필립 3세

다만 마르그리뜨는 자신의 고향인 포칼키에 지방의 상속문제로 아끼던 동생 엘레노어와 법정 다툼까지 벌이며 자신의 권리를 찾으려 했으나 끝내 성공하지는 못했다. 포칼키에 지방은 그녀의 막내 시동생인 샤를 당주의 손으로 넘어갔다가 후에 프랑스 왕령지로 편입되었다.

생트 샤펠 예배당의 중앙에 위치한 위대한 성왕 루이 9세의 석상

루이 9세와 왕비 마르그리뜨의 자녀들

1. 블랑슈 드 프랑스(Blanche de France, 1240~1243)

첫째 딸 블랑슈는 마르그리뜨가 두 번의 유산 끝에 어렵게 낳은 자녀로 결혼 6년 만에 얻은 자녀이다. 블랑슈의 탄생은 왕실뿐 아니라 프랑스 전체의 기쁨이었다고 한다. 그러나 3살 때 사망했다.

2. 이자벨 드 프랑스(Isabelle de France, 1242~1271)

둘째 딸 이자벨은 아버지 루이 9세가 나바르 왕국과의 평화를 위해 정략결혼시킨 공주이다. 이자벨은 나바르 왕 티보 2세(Thibaut Ⅱ de Navarre, 1239~1270)와 1255년 4월 6일 믈랭(Melun)에서 결혼하여 나바르 왕국의 왕비가 되었다. 특이하게도, 이 부부는 아이 없이 지내기로 합의한 것으로 보이는데 당시 신빙성 있는 자료에 의하면 경건한 신앙심으로 무장한 두 사람은 잠자리에서도 옷을 벗지 않고 잤다고 한다.

티보 2세는 장인 루이 9세를 따라 8차 십자군 원정에 따라나섰다가 튀니지에서 병을 얻어 돌아왔고 1270년 12월 나바르에서 사망했다. 이자벨도 남편이 사망한 지 3개월 후에 사망하였으며 두 사람은 티보 2세의 고향인 샹파뉴 지방의 프로방(Provins)에 매장되었다.

3. 루이 드 프랑스(Louis de France, 1244~1260)

루이는 루이 9세와 왕비 마르그리뜨가 결혼 10년 만에 얻은 첫째 아들로 태어나자마자 곧 왕세자로 책봉되었다. 루이는 아버지 루이 9세가 아라곤 왕국의 자끄 1세와 맺은 코르베이 조약에 따라 아라곤의 공주 이자벨과 약혼했으나 1260년 16살의 왕세자 루이가 급성맹장염으로 급사하는 바람에 부모의 상심이 컸었다. 루이의 약혼녀 이자벨은 그 후 루이의 동생 필립과 결혼했다.

4. 필립 3세(Philippe III roi de France, 1245~1285)

필립은 형 루이가 사망하면서 왕세자로 책봉 되었으며 1270년 아버지 루이 9세의 뒤를 이어 필립 3세로 즉위했다. 필립 3세는 아버지의 명성에 가려 상대적으로 저평가되는 왕으로, 물론 아버지만큼 현명하지는 못했지만 'Le Hardi'(용감하다는 뜻)라는 별칭이 말해주듯 전장에서는 용감한 기사였다.

필립 3세는 8차 십자군 원정에서 귀국 도중 첫 부인 아라곤의 이자벨 (Isabelle d'Aragon, 1247~1271)을 이탈리아 시실리의 코센짜(Cosenza)에서 낙마사고로 잃고, 3년 후인 1274년 브라반트 공국의 마리(Marie de Brabant, 1254~1322)를 두 번째 부인으로 맞아들였다.

필립 3세는 아라곤 왕국과의 전쟁을 위해 프랑스 남부지방으로 출정했다가 페르피냥(Perpignan)에서 풍토병에 걸려 1285년 41세를 일기로 사망했다.

5. 장 드 프랑스(Jean de France, 1248~1248)

루이 9세와 왕비 마르그리드의 셋째 아들로, 태어난 지 몇 달 만에 사망했다.

6. 장 트리스탄 드 프랑스(Jean-Tristan de France, 1250~1270)

루이 9세와 왕비 마르그리드의 넷째 아들로 부모의 7차 십자군 원정기간에 이집트의 다미에뜨(Damiette)에서 태어났다. 그는 1265년 부르고뉴 공국의 여공작 욜란드(Yolande de Bourgogne, 1247~1280)와 결혼했다.

장 트리스탄은 아버지 루이 9세와 8차 십자군 원정에 참가했다가 원정대를 덮친 전염병에 감염되어 1270년 8월 3일 튀니스에서 아버지보다 먼저 사망했다.

7. 피에르 달랑송 드 프랑스(Pierre d'Alençon de France, 1251~1284)

    루이 9세와 왕비 마르그리뜨의 다섯 번째 아들로 부모의 7차 십자군 원정기간에 팔레스타인에서 태어났다. 피에르 달랑송도 8차 십자군 원정에 참가했다가 그곳에서 형과 아버지를 잃고 큰형 필립 3세와 함께 살아 돌아왔다. 그는 1272년 블로아 백작녀 잔 드 샤티옹(Jeanne de Blois-Châtillon, 1258~1291)과 결혼했다.

8. 블랑슈 드 프랑스(Blanche de France, 1253~1320)

    셋째 딸 블랑슈는 부모의 7차 십자군 원정기간에 이스라엘 텔아비브-자파(Tel Aviv-Jaffa)에서 태어났다. 블랑슈는 1268년 카스티유 왕국의 페르디난드(Ferdinand de la Cerda, 1255~1275) 왕세자와 결혼했다.

마르그리뜨의 셋째 딸
블랑슈의 어린 시절 모습

9. 마르그리뜨 드 프랑스(Marguerite de France, 1254~1272)

    넷째 딸 마르그리뜨는 1269년 브라반트 공국의 장 1세(Jean Ⅰ de

Brabant, 1253~1294)와 결혼했으나 1272년 첫 아이를 낳은 후 산욕열로 18살 나이에 사망했다.

1269년 2월 프랑스 캉브레(Cambrai)에서 마르그리뜨는 브라반트 공작 장 1세와 성대한 결혼식을 올렸다

10. 로베르 드 프랑스(Robert de France, 1256~1317)

로베르는 루이 9세와 왕비 마르그리뜨의 막내아들로 그는 14살 때 아버지를 여의었다. 로베르는 1272년 부르고뉴 공작 장의 무남독녀 베아트리스(Béatrice de Bourgogne, 1257~1310)와 결

로베르 초상화

혼했다. 로베르는 이 결혼으로 장모 아녜스 드 부르봉(Agnès de Bourbon, 1237~1287)으로부터 부르봉 작위를 물려받았다. 부르봉 가문의 시조가 된 로베르는 300년 후에 태어난 앙리 4세의 직계선조이다.

11. 아녜스(Agnès de France, 1260~1325)

 루이 9세와 왕비 마르그리뜨의 막내딸 아녜스는 1279년 부르고뉴 공작 로베르 2세(Robert Ⅱ de Bourgogne, 1248~1306)와 결혼하여 10명의 자녀를 낳았다.

 아녜스의 딸들 중 셋째 딸 마르그리뜨 드 부르고뉴는 프랑스 왕 필립 4세의 장남 루이 10세와 결혼하였으나 결혼 3년 만에 그녀는 다른 동서들 2명과 함께 '넬 탑사건(Affaire de la tour de Nesle)'에 연루되어 왕세자비 자리에서 쫓겨났고 그녀는 비바람 몰아치는 가이야 성(Château-Gaillard)의 다락방에 갇혀 있다가 메트리스 사이에 깔려 질식사했다. 또 아녜스의 넷째 딸 잔 드 부르고뉴는 발로아 왕조의 시조 필립 6세의 왕비가 되었다.

아녜스의 조각상

7.

베르트라드 드 라옹

(Bertrade de Laon, 720~783년경)

"'왕발 베르트'라는 기이한 별명을 가진 샤를마뉴 대제의 어머니"

파리 뤽상부르 공원에 있는 베르트라드 드 라옹의 석상. 외젠 우디네 작. 1848년

베르트라드 드 라옹은 720년경 엔느 지방 라옹 현의 사무씨(Samoussy) 읍에서 태어났다. 그녀의 아버지는 라옹 백작 카리베르트(Caribert de Laon, ?~762)이며 그녀의 어머니에 대한 기록은 남아있지 않다.

베르트라드의 할머니 베르트라드 드 프륌(Bertrade de Prûm)은 메로빙거 왕조의 혈통을 이어받은 것으로 알려져 있는데 아마도 티에리 3세의 손녀일 것이라는 게 학계의 의견이다.

베르트라드는 전통적으로 '왕발 베르트(Berthe au Grand Pied)'라고 불렸다. '왕발'이라는 별명은 그녀의 발이 실제로 안짱다리였을 수도 있고, 아니면 게르만족 신화에 나오는 여신 페르슈타(Perchta)를 프랑스어인 베르트라고 불렀을 수도 있는데 베르트라는 이름을 갖고 있는 실제 왕비들한테도 이런 별명이 붙여졌음이 밝혀졌다. 아마도 유럽이나 아시아의 신화에 나오는 기형적인 신들에 연결시켜 샤를마뉴 대제의 어머니인 베르트라드를 신격화하는 작업이 아니었을까 추측한다.

부유한 백작의 딸로 남부러울 것 없이 자란 베르트라드는 당시 네우스트리(Neustrie)의 궁재로 있던 페팡 3세(Pepin le Bref, 714~768)와 결혼한다. 페팡과 베르트라드가 언제 결혼했는지는 분명하지 않다. 743년 또는 744년쯤일 것으로 추측하는데 멀리 잡아 749년이라도 페팡은 아직 궁재였던 시기였다.

지금까지 알려진 기록은 페팡의 아내는 베르트라드가 유일한 여인이었으나 어떤 학자들이 주장하는 바에 따르면 페팡의 첫 부인 이름이 레우트베르기아이고, 그 둘 사이에 5명의 아이가 있었다고 한다. 그러나 아이가 5명이라면 아이에 대한 기록이 있어야 하나 어디에도 자식에 대한 기록이 없는 것으로 봐서 이 이야기는 신빙성이 없다. 아마도 이러한 가설은 페팡이 베르트라드와 결혼한 때가 30살이 넘은 나이였으므로 이러한 추측이 나왔을 것으로 보인다.

베르트라드의 남편 페팡 3세는 키가 작았다고 하여 '단신 왕(Pepin le Bref)'이라는 별명이 붙었는데 부부의 첫째 아들 샤를마뉴가 1m 90cm에 달하는 장신이어서 상대적으로 더 작아 보여 붙여진 별명일 수도 있다.

베르트라드의 남편 페팡 3세의 상상화

페팡은 714년 아버지 샤를 마르텔(Charles Martel, 688~741)과 어머니 로트루드(Rotrude, 690~725) 사이에 2남 3녀 중 둘째 아들로 태어났다.

페팡의 가계는 대대로 궁재를 지내던 가문으로 페팡이 태어날 때 그의 아버지 샤를 마르텔은 아우스트라지아와 네우스트리의 궁재직을 맡고 있었다. 샤를 마르텔은 그의 별명(마르텔은 망치라는 뜻)이 말해주듯 전쟁에서 커다란 망치 하나로 적을 무찌르던 용감한 군인이었고 유능한 행정가였다.

711년경부터 이베리아 반도를 차지하고 있던 무어인들이 프랑크 왕국의 아키텐 지방을 침략하자 샤를 마르텔은 732년에 벌어진 푸아티에 전투에서 무어인들을 몰아내고 프랑크 왕국의 서남부 지방에 평화를 가져와 그는 일약 프랑크 왕국의 영웅이 되었다.

그 후 여러 번에 걸쳐 그를 왕으로 추대하려는 시도가 있었지만 샤를 마르텔은 결코 왕위에 오르지 않았다. 그는 왕이 아니었음에도 그가 사망했을 때엔 왕족들만 묻힐 수 있는 생드니 사원에 묻혔다.

아버지 샤를 마르텔의 죽음으로 네우스트리와 부르군트 궁재직을 물려받은 페팽은 초기에는 형 카를로만과 함께 아키텐, 작센, 알레마니족들의 반란을 진압하고 또 계모 스완힐드(Swanahilde, 710~741)의 부추김으로 반란을 시도했던 의붓동생 그리포(Griffon, 726~753)를 제압해 축출하는 등 형제간에 긴밀하게 협력하는 사이였다. 그런데 747년에 형 카를로만(Carloman, 710~755)이 갑작스럽게 자신의 모든 영지와 직책을 아들 드로고(Drogon, 735~753)에게 물려주고 진정한 수도사가 되기 위해 로마로 떠나버리자 페팽은 프랑크 왕국의 실질적인 1인 지배자가 되었다.

원래부터 신실한 신자였던 카를로만이 자신의 모든 부와 명예를 한순간에 내려놓고 동생이 다 차지하게 할 만큼 권력에 대한 야망이 없었다고 할 수도 있겠지만, 많은 연대기 작가들은 형제간의 모종의 암투에서 형 카를로만이 패배하였고 그로 인해 그가 로마로 추방당한 것이라 보는 견해도 상당하다.

베르트라드의 가문의 본거지인 라옹의 옛 시가지 모습.
멀리 초기 고딕 대성당의 백미라고 할 수 있는
라옹 대성당(Cathédrale de Laon)이 보인다.

머지않아 페팡은 조카 드로고를 수도원에 감금시키고 형의 몫까지 차지하게 된다. 이렇게 하여 페팡은 프랑크 왕국 전체를 관리하는 궁재직에 오르게 되었다. 이즈음 페팡과 베르트라드가 결혼했을 가능성이 높다. 한편, 페팡은 그 당시 공석으로 남아있던 프랑크 왕의 자리를 메우기 위해 어려서부터 수도원에 유폐되어있던 메로빙거 왕조의 마지막 왕 실데리크 3세(Childeric 3, 714~754)를 찾아내어 명목뿐인 왕의 자리에 앉혀놓았다.

페팡 3세의 아버지 샤를 마르텔. 페팡 헤르스탈의 차남으로 아우스트라지아의 공작이며 프랑크 왕국의 궁재를 역임했다.

왕이라기보다는 수도승에 가깝게 생활하며 신앙생활에만 몰두하여 정치에는 전혀 관심이 없었던 실데리크 3세를 대신해, 왕국의 모든 행정 집행과 전쟁 등을 손수 치르며 왕이나 다름없는 지위와 권력을 행사하던 페팡은 어느 날 결단을 내리고 그동안 자신이 무수히 도움을 주었던 교황에게 서신을 보냈다.

'능력은 있는데 왕이 되지 못한 자가 왕이 되어야 합니까?
능력은 없는데 왕인 자가 통치 하는 게 맞습니까?'

이 편지를 전해 받은 교황 자카리아는 잠시 갈등했었겠지만 실력자 페팡과의 협력만이 동로마제국의 위협으로부터 교황청이 도움을 청할 유일한 방편임을 잘 알기에 곧 답장을 보냈다.

'실력이 있는 자가 왕이 되는 것이 맞다.'

그리하여 페팡은 실데리크 3세를 폐위시키고 그를 생 베르탕 수도원에 유폐시켰다. 메로빙거 왕조의 마지막 왕 실데리크 3세는 그 수도원에서 755년 사망했다. 교황의 승인을 얻어낸 페팡은 751년 11월 수아송(Soissons)에서 귀족들에 의해 선출되는 방식으로 프랑크 왕국의 국왕으로 즉위했다. 대대로 내려오던 궁재 가문에서 드디어 왕이 탄생한 것이다.

프랑스의 동북부 지방에 위치한 엔느(Aisne) 도시의 수도인 수아송(Soissons). 수아송은 초기 메로빙거 왕조의 수도였다.

Abbaye de Saint-Jean-des Vignes
이 성당에서 페팡3세와 베르트라드의 대관식이 거행되었다

이 해는 페팽과 베르트라드에게 경사가 겹치는 행운의 해였다. 왜냐하면 둘째 아들 카를로만 2세(Carloman Ⅱ, 751~771)가 태어났기 때문이다. 베르트라드는 남편과 함께 수아송에서 왕비대관식을 올렸으며 754년에 방문한 교황 에티엔 2세가 생드니에서 남편 페팽의 머리에 기름부음의 축성식을 거행할 때도 참석해 아들 샤를마뉴, 카를로만 2세와 함께 그녀도 축복을 받았다.

얼마 후 교황의 요청을 받은 페팽은 알프스를 넘어 당시 강력하게 부상하고 있던 이탈리아의 롬바르디아 왕국과 전쟁을 벌였다. 그리고 전쟁에서 승리한 페팽은 롬바르디아 왕국의 땅을 빼앗아 그중 라벤나 지방을 교황에게 기증하는 형식으로 자신의 프랑크 왕의 즉위를 정당화 해준 교황에게 감사의 마음을 전하게 되는데 이것이 '페팽의 기증(La donation de Pepin)'으로 지금의 교황령의 기원이 되었다.

교황 에티엔 2세에게 롬바르디아 왕국
의 일부를 바치는 페팽 3세

페팡은 거듭되는 원정과 프랑크 왕국 내의 반란 등을 진압하는 과정에서 몸을 혹사해 급격하게 쇠약해졌다. 그는 생드니 사원에 머물며 기도와 명상으로 자신의 건강을 회복해 가던 중에 갑작스럽게 수종병에 걸려 사망했다. 768년 9월 24일 54세를 일기로 숨진 카롤링거 왕조의 시조 페팡 3세는 생드니 사원 왕실묘역에 묻혔다.

그의 사후 그의 두 아들 샤를마뉴와 카를로만 2세는 게르만 관습법에 의해 각각 프랑크 왕국을 동, 서로 분할 상속받았는데 형 샤를마뉴는 아우스트라지아를 포함한 동쪽 지역을, 동생 카를로만 2세는 네우스트리와 부르고뉴, 프로방스를 상속받았다.

카를로만 2세의 치세 기간 동안 네우스트리 지방에서 사용되던 주화 '드니에(Denier)'

프랑크 왕국의 왕비 베르트라드는 남편 페팡 3세가 사망했을 때 48세였다. 그녀는 조용히 수도원으로 은퇴하는 대신 만나기만 하면 으르렁대는 아들들 사이에서 중재에 나서기를 희망했다.

남편이 살아 있을 땐 아들들의 불화를 남편이 해결했었지만 지금은 자신이 아니면 누구도 이 일을 해결할 수 없을 만큼 형제의 불화의 골이 깊어졌기 때문이다.

이 형제의 갈등은 샤를마뉴의 출생년도가 불분명한데 기인한다.

샤를마뉴 대제의 일대기를 쓴 독일 출신의 연대기 작가 아인하르트. 14~15세기에 그려진 채색화

우선 『샤를마뉴의 일대기』를 쓴 아인하르트(Eginhard, 770~840)가 기록한 바에 의하면 샤를마뉴는 814년 72세를 일기로 사망했다고 기록했다. 그렇다면 샤를마뉴는 베르트라드와 페팽 부부가 결혼하기 전인 742년

에 태어났다는 얘기가 된다.

그러나 755년에 아일랜드의 성직자 카튈프(Catulff)가 어린 샤를마뉴에게 전한 이야기에 의하면, "프랑크 왕국의 모든 교구가 당신의 탄생을 위해 기도했었다"고 말했다고 한다. 이 말을 통해 알 수 있는 건 이런 교지가 내려올 정도면 이 부부가 정식 부부였고, 결혼 후 오랫동안 아이가 없었으며, 지체 높은 신분이었음이 분명하다.

어쨌든 오늘날 샤를마뉴의 생년월일은 748년 부활절인 4월 2일이 가장 유력한 날인 것으로 보고 있다.

샤를마뉴의 출생년도가 지금껏 논란이 되고 있는 반면 동생 카를로만 2세는 아버지 페팡이 프랑크 왕으로 즉위하던 751년에 태어난 기록이 확실하게 남아있어 그는 왕위계승자로서의 위치에 아무 문제가 없었다. 그래서 카를로만 2세는 자신들의 부모가 정식으로 결혼하지 않고 낳은 아들이라는 이유로 형 샤를마뉴를 '사생아'라며 왕으로서의 정통성에 흠이 있다고 대외적으로 선포하여 형의 입장을 난처하게 만들었다. 이런 이유로 이 형제는 어려서부터 무척 사이가 나빴다.

베르트라드가 두 아들에게 계속해서 영향력을 행사하고 있었다는 증거는 그녀가 두 아들의 결혼에 깊이 관여했던 일을 통해 알 수 있다. 이미 유럽의 동쪽에서 강력한 왕국으로 자리 잡으며 교황청을 압박하던 롬바르디아 왕국과 프랑크 왕국간의 평화를 담보하기 위해 베르트라드는 롬바르디아의 데시데리우스(Didier de Lombardie, ?~786) 왕에게 전갈을 보내 그의 딸들과 자신의 아들들 간의 이중 결혼을 제안했고, 얼마 후 이 결혼은 성사되었다. 당시 샤를마뉴는 아들까지 낳고 살고 있던 히밀트루드(Himiltrude, ?~?)라는 부르고뉴 귀족 집안의 첩이 있었고 카를로만 2세는 마침 첫 부인과 사별한 직후였다.

롬바르디아 왕국 공주와의 결혼은 둘째 아들 카를로만 2세가 먼저 했다. 768년에 롬바르디아 왕국의 데시데리우스 왕의 첫째 딸 게르베르지아(Gerbergie)와 라옹에서 결혼한 카를로만 2세는 이 결혼에 큰 불만 없이 그의 짧은 결혼생활 동안 두 아들 페팡(Pepin)과 시아그리우스(Syagrius)를 낳고 행복하게 살았다.

라옹의 구시가지에 위치한 라옹 대성당. 프랑스의 초기 고딕 대성당 중의 하나로 생드니 사원과 노아용 대성당에 이어 건축되었으며 파리의 노트르담 대성당의 모델이 된 성당이다.

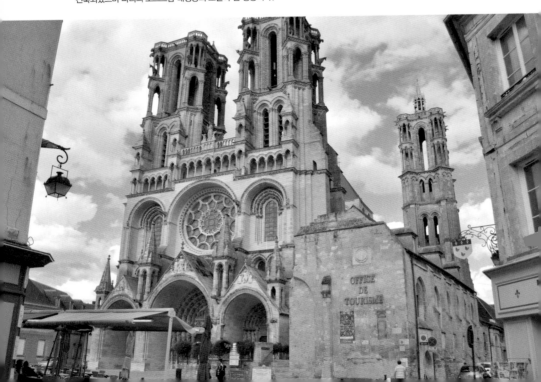

그리고 장남 샤를마뉴도 770년 롬바르디아 왕국의 데시데리우스 왕의 둘째 딸 데시데라다(Désirée de Lombardie, 754~776)와 결혼했는데 샤를마뉴가 동생보다 늦게 결혼한 것은 그에게는 당시 사랑하는 여인이 있었기 때문이다.

샤를마뉴와 히밀트루드는 정식으로 결혼했다는 기록이 없기 때문에 히밀트루드는 샤를마뉴의 첫째 아들 페팡 4세(곱추 페팡)를 낳고도 첩으로 남아야 했는데 이 아들이 점점 심한 곱추로 성장하는 것을 증오한 샤를마뉴는 훗날 자신이 적자로 인정한 사실을 뒤엎고 자신의 후계자에서 페팡 4세를 제외시켜버렸다.

샤를마뉴와 장남 페팡 4세

또 베르트라드 역시 히밀트루드가 아들의 아내가 되기에는 신분이 너무 차이난다고 싫어해서 자신이 주선한 롬바르디아 왕의 딸과 결혼하기를 강력히 권했으므로 샤를마뉴는 할 수 없이 결혼 전 해인 769년 히밀트루드를 수도원에 강제로 들여보냈다.

하지만 샤를마뉴는 결혼 이듬해인 771년에 자신의 공식적인 첫 부인 데시데라다를 석연치 않은 이유로 내쫓는다. 공식적인 이혼사유는 불임이었으나 결혼한 지 1년밖에 안 된 젊은 부부가 불임 판정을 이혼사유로

든 건 쉽게 납득이 가지 않는다. 아마도 외국 출신 여자를 자신들의 왕비로 섬길 수 없다는 귀족들의 반발이 있었거나, 동생 카를로만 2세와 동맹을 맺고 카를로만 2세가 프랑크 왕국의 진정한 계승자라는 편지를 교황에게 보냈던 장인 데시데리우스에 대한 복수가 진정한 이혼사유인지 모른다. 어쨌든 궁에서 쫓겨난 왕비 데시데라는 친정인 롬바르디아 왕국으로 돌아갔고 몇 년 후 수도 파비아에서 사망했다고 한다.

한편, 그해 12월 4일 베르트라드는 믿을 수 없는 비보를 접하는데, 바로 둘째 아들 카를로만 2세가 자신의 별궁에서 갑자기 피를 토하며 사망했다는 소식이었다. 카를로만 2세는 어려서부터 몸이 약해 자주 코피를 쏟았다고 하는데 그렇더라도 사망할 때 그의 나이 고작 21살이었다. 베르트라드는 거칠고 욕심 많은 첫째 아들 샤를마뉴보다는 선천적으로 몸이 약했던 순종적이고 효심 많은 둘째 아들에게 더 마음이 갔을 것이다.

그런데 카를로만 2세의 사후 이 거대한 왕국을 강보에 싸인 아들들을 대신해 카를로만 2세의 미망인인 게르베르지아가 섭정을 하겠다고 나서자 왕국은 혼란에 빠졌다.

우선 그 지역 토착귀족들의 반발이 거셌고, 시아주버니 샤를마뉴도 자신이 조카들의 정당한 후견인이라며 왕국에 대한 흑심을 노골적으로 드러내자 신변에 위협을 느낀 게르베르지아가 아이들과 자신의 추종세력들을 이끌고 친정으로 도망갔다.

쇼아지 오 박의 도청소재지인 콩피에뉴 시청.
루이 12세의 기마상과 100년전쟁 당시
이곳에서 사로잡힌 잔다르크의 동상이 보인다.

이 일이 계기가 되어 샤를마뉴는 롬바르디아 왕국을 침공하게 되고 전투 끝에 한때 자신의 장인이었던 데시데리우스 왕을 포로로 잡아와 아미앵 근처 코르비 수도원에 감금시켰다. 데시데리우스 왕은 수도원에 12년 동안 갇혀있다 786년 이 수도원에서 사망했다. 물론 샤를마뉴는 제수씨 게르베르지아와 어린 조카들도 모두 수도원에 유폐시켰는데 이후 이들 세 모자의 행방은 역사에서 사라졌다.

어린 조카들의 상속분까지 모두 차지한 샤를마뉴는 이제 유럽 대륙의 어마어마한 영토를 혼자 독차지하게 되었다. 샤를마뉴의 제국은 현재의 프랑스, 독일, 이탈리아를 규정짓는 유럽대통합으로 그 이전에도 이후에도 한 사람의 대제 아래 이토록 커다란 영토가 통합된 적은 없었다.

오늘날 그를 '유럽의 아버지'라고 부르는 것은 이 때문이다.

독일 화가 알브레히트 뒤러(Albrecht Durer, 1471~1528)가 그린 샤를마뉴 대제의 상상화 샤를마뉴의 행적을 보면 그는 철저하게 아버지 페팡과 같은 길을 걸었다. 권력 독점을 위해서라면 형제, 친족 가리지 않고 모조리 제거했던 일이나 제국의 영토 확장을 위해서 동, 서를 가로지르며 험난한 알프스를 몇 차례나 넘으며 힘든 원정길도 마다하지 않은 점 등 말이다.

그는 평생 온갖 전투에 참여했으며 대부분 승리했었다. 그러나 그에게도 뼈아픈 실패가 있었으니 바로 778년에 벌어진 에스파니아의 무어인들을 상대로 한 롱스보 전투(Bataille de Roncevaux, 778)였다. 이 전투에서 반쪽짜리 승리를 거둔 후 피레네 산맥을 넘어가던 샤를마뉴

에스파니아로 출정을 떠나기 전 샤를마뉴 대제로부터 명검 '듀란델'을 건네받는 롤랑

대제의 군대가 생각지 못한 바스크족들의 습격을 받아 군대의 후방을 담당하고 있던 12명의 성기사(Paladins)들이 모조리 죽임을 당한 것이다.

학살당한 팔라딘의 기사들 중엔 가장 용감한 기사인 부르타뉴 귀족 롤랑도 포함되어 있었는데 실제로 샤를마뉴는 롤랑의 죽음에 대해 오랜 세월 슬픔을 감추지 못했다고 한다. 중세시대 최고의 무훈시인「롤랑의 노래(Chanson de Roland)」는 이 아름다운 청년의 애처로운 죽음을 노래한 시이다.

샤를마뉴 대제의 업적 중 가장 주목할 만한 것은 그가 학업의 중요성을 강조한 최초의 왕이란 점이다. 그는 어릴 적 제대로 교육받지 못한 자신의 한을 풀듯 모든 수도원과 성당에 학교를 설립하였고 성직자와 수도사들에게 집중적인 라틴어 공부를 지시했다.

또 그는 그동안 각지에서 수집한 그리스, 로마의 고전들을 소장할 거대한 왕실도서관을 짓게 했고, 요크의 알퀸(Alcuin, 730~804) 같은 대학자를 초빙해 그에게 교육사업을 전담시켰다.

그리고 그동안 모양과 표기법이 천차만별인 알파벳을 하나로 통일하는 '카롤링거 소문자'가 이때 만들어졌는데 코르비 수도원(Abbaye de Corbie)의 필경사들이 고안해 낸 이 '카롤링거 소문자'는 그 후 모든 성서 번역과 필사에 경이로운 전환점을 가져오게 되었다. 더 경이로운 점은 이 모든 교육사업이 그 자신은 고대 프랑크어를 사용하며 문맹이었던 샤를마뉴 대제가 해냈다는 것이다.

오늘날 알파벳의 소문자에 해당하는 글씨체가 샤를마뉴의 명령으로 코르비 수도원의 필경사들에 의해 고안되었다.

또한 작센 족을 비롯한 미개한 게르만족들을 정벌하고 그들을 기독교로 개종시켜 그때까지 유럽의 변방에 있던 게르만족들을 유럽의 중심지로 끌어들인 것 또한 샤를마뉴의 커다란 업적 중의 하나라고 할 수 있다.

그즈음 샤를마뉴 대제의 어머니 베르트라드는 둘째 아들 카를로만 2세의 죽음으로 슬픔에 빠져 지내다 어느 날 결심을 하고 그동안 기거하던 카를로만 2세의 왕궁을 조용히 빠져나왔다. 그녀는 당시 메로빙거 왕조 시절의 왕궁이 있던 쇼아지 오 박(Choisy-au-Bac)에 은거하기로 했다. 그곳은 베르트라드가 남편 페팡 3세와 신혼시절을 보낸 곳으로 그녀의 추억이 서려있는 곳이었다. 그녀는 쇼아지 오 박의 생테티엔 교회에 매장되어 있던 몇몇 메로빙거 왕들의 묘역을 새로 조성했으며 교회를 확장시켰다.

프랑스 북부 콩피에뉴 도시의 작은 마을 쇼아지 오 박(Choisy-au-Bac)에 있는 생테티엔 교회. 베르트라드는 말년에 이 교회에서 메로빙거 왕조의 역대 왕들의 묘역을 새로 정비하며 홀로 지냈다.

생테티엔 교회 내부. 왼쪽에 잔다르크 상이 서 있다.

베르트라드는 온순한 성격으로 모든 사람들에게 친절했다고 전한다. 또한 정치에 관심이 많았던 그녀는 남편 페팡 3세가 프랑크 왕으로 있던 시절에 자주 정치적인 조언을 했었다고 한다.

그녀와 큰아들 샤를마뉴는 몇 번에 걸쳐 크리스마스를 함께 보내기 위해 조우했을 뿐 모자지간에 정기적으로 만났다는 기록은 없다.

그녀는 당시 과부가 된 왕비들 대부분이 수녀원에 들어갔던 것과 달리 자신의 궁에 머무르며 지역의 구제사업에 힘썼다. 그만큼 그녀는 독립적인 성향이 강하고, 활동적인 삶을 살았던 여인이었다.

783년 베르트라드는 쇼아지 오 박에서 홀로 사망했다. 그녀의 유해는 아들 샤를마뉴의 명으로 생드니 사원으로 옮겨져 남편 페팡 3세 곁에 묻혔다.

마을 규모에 비해 화려하고 아름다운 쇼아지 오 박 구청(Mairie) 전경

베르트라드는 페팡과의 사이에 총 8명의 자녀를 두었다. 5명은 모두 어려서 죽고, 두 아들 샤를마뉴와 카를로만 2세 그리고 유일하게 남은 딸 지젤(Gisele, 757~810)은 셸르 수도원(Abbaye de Chelles)의 수녀원장이 되었다.

이제 페팡 가문의 남아있는 한 사람 샤를마뉴의 생애에 대해 이야기해보자.

799년 5월 어느 날 교황 레오 3세는 행렬 도중 그의 반대파들에 의해 습격을 당했고 신변에 위협을 느낀 그는 샤를마뉴 대제에게 신변보호를 요청했다. 샤를마뉴는 흔쾌히 그의 청을 수락했고 그의 곁에 무장 근위대를 붙여 안전하게 로마로 돌아가게 해주었다.

뜻밖의 사건은 다음해인 800년 12월 25일에 벌어졌다. 크리스마스 성탄미사를 드리러 로마 베드로 성당에 모습을 보인 샤를마뉴에게 교황 레오 3세는 성탄미사 집전 도중 그에게 왕관을 씌워주며 그를 '서로마 황제'로 임명한다고 선언했다.

프랑스 '대연대기'에 수록 되어있는 샤를마뉴 대제의 대관식 장면. 장 푸케(Jean Fouquet) 작

샤를마뉴 대제의 전기 작가인 아인하르트는 이 사건은 매우 갑작스럽게 일어난 일로, 샤를마뉴는 그의 황제즉위식을 전혀 알지 못한 채 성탄미사에 참석했었다고 기록하고 있다.

서로마의 황제가 된 샤를마뉴 대제는 아헨(프랑스명, Aix la Chapelle, 엑스라 샤펠)에 있는 왕궁에서 주로 거주했다. 그는 정식으로 결혼은 하지 않았지만 그의 첫 번째 부인이자 장남 페팡 4세의 생모인 히밀트루드를 비롯해 데시데라다, 힐데가르드, 파스트라드, 루이트가르드 등 5명의 왕비와 7명의 첩을 거느렸으며 왕비와 첩에게서 난 자녀들은 20명이 넘는 것으로 기록되었다.

샤를마뉴 대제 곁에서 그의 일거수일투족을 기록한 아인하르트는 샤를마뉴의 외모, 성격, 의상, 식성 등 오늘날 우리가 궁금해 하는 그의 모든 것을 기록했는데, 샤를마뉴 대제는 키가 1m 90cm에 달하는 장신에 큰 눈과 긴 코를 지녔으며 짧고 굵은 목에 보통의 남자들보다는 약간 높은 음의 목소리를 지녔다고 한다.

그는 고집이 대단하여 한번 마음먹은 일은 누가 뭐라든 반드시 해내는 스타일이었고, 또 황제라면 반드시 입었을 화려한 장식의 옷은 절대 입지 않았다고 한다. 그는 투박한 천으로 만든 프랑크족의 전통의상을 주로 입었으며 금이나 은으로 장식된 큰 칼을 항상 차고 다녔다고 한다. 그가 보석이 박힌 칼이나 화려한 연회복을 입을 때는 주로 교황을 알현할 때뿐이었다고 한다.

또한 나이가 들면서 다리를 절기 시작한 그를 위해 의사들은 구운 고기 대신 삶은 고기를 먹을 것을 권했지만 샤를마뉴 대제는 의사들의 조언을 듣지 않고 구운 고기만을 고집했다고 한다.

814년 1월 20일경 평생 전쟁터를 누비던 용감한 장수 샤를마뉴 대제는 병상에 누웠다. 그는 자신의 장례식을 최대한 조촐하게 치를 것을 당

부하고 아들이자 후계자인 경건왕 루트비히 1세(Louis le Pieux, 778~840)
가 지켜보는 가운데 1월 28일 아헨의 황제 궁에서 조용히 눈을 감았다.

샤를마뉴 대제의 다섯 번째 부인인
루이트가르드의 무덤이 발견된
투르(Tours)의 샤를마뉴 탑
(Tour de Charlemagne)

그의 사인은 정확하진 않으나 평생 지병이었던 늑막염의 재발로 인한 급성 폐렴일 것으로 추측한다.

샤를마뉴 대제는 아버지 페팡 3세와 어머니 베르트라드 드 라옹 그리고 남동생 카를로만 2세가 잠들어있는 생 드니 사원이 아닌 아헨 대성당에 홀로 잠들어있다.

샤를마뉴 대제를 이어 독일의 황제가 된
경건왕 루트비히 1세

프랑스 역대 왕들의 묘역이 조성되어 있는 생 드니 사원 내부 모습

8.

잔 달브레

(Jeanne d'Albret, 1528.11.16.~ 1572.6.9.)

"프랑스 역사상 최초의 신교도 왕인 앙리 4세를 길러낸 나바르의 여왕"

파리 뤽상부르 공원에 있는 잔 달브레의 석상. 장 루이 브리앙 작. 1848년

JEANNE D'ALBRET
REINE DE NAVARRE

잔 달브레는 1528년 11월 16일 파리 남쪽에 위치한 생 제르맹-엉레 성에서 아버지 나바르 왕 엔리케 2세(Henri Ⅱ, roi de Navarre, 1503~1555)와 어머니 마르그리뜨 당굴렘(Marguerite d'Angoulême, 1492~1549) 사이에 무남독녀로 태어났다. 잔의 아버지 나바르 왕 엔리케 2세는 1503년생으로 그는 아버지 장 달브레와 어머니 나바르 여왕 카트린 사이에 5남매

잔 달브레 초상화

중 장남으로 태어나 1517년에 어머니 카트린으로부터 나바르 왕위를 물려받아 나바르 왕이 되었다.

엔리케 2세의 어머니 카트린은 프랑스 왕 샤를 7세(Charles Ⅶ, roi de France, 1403~1461)와 왕비 마리 당주(Marie d'Anjou, reine de France, 1404~1463)의 막내딸인 마들렌 공주(Madeleine de France, 1443~1495)의 딸이어서 엔리케 2세는 외가 쪽으로 프랑스 왕가의 혈통을 이어받았다.

그래서 엔리케 2세는 프랑스 왕실의 종친으로 1525년에 벌어진 파비아 전투에 프랑스 왕 프랑소와 1세를 도와 전쟁에 참가했다가 프랑소와 1세와 함께 합스부르크 군대에 포로로 잡혀 있었으나 그는 극적으로 탈출에 성공했다.

나바르 왕국으로 돌아온 엔리케 2세는 2년이 지난 1527년에 프랑소와 1세의 누나인 마르그리뜨 당굴렘과 생 제르맹-엉레 성에서 결혼했다.

잔 달브레의 아버지 나바르 왕 엔리케 2세 초상화

잔 달브레의 어머니 마르그리뜨 당굴렘 초상화.
장 클루에 작. 1530년경

그리고 잔의 어머니 마르그리뜨 당굴렘은 1492년생으로 마르그리뜨는 아버지 앙굴렘 백작 샤를 도를레앙(Comte d'Angoulême, Charles d'Orléans, 1459~1496)과 어머니 루이즈 드 사보아(Louise de Savoie, 1476~1531)의 1남 1녀중 외동딸로 꼬냑성(Château de Cognac)에서 태어났다. 그녀의 남동생은 프랑스 왕 프랑소와 1세이다.

마르그리뜨는 첫 남편 샤를 달랑송과 사별하고 11세 연하의 나바르 왕 엔리케 2세와 재혼했으며 엔리케 2세는 초혼이었다. 잔은 그녀의 부모가 결혼한 이듬해에 태어났으며 그녀는 유년시절을 나바르 왕국이 아닌 외삼촌 프랑소와 1세의 궁정에서 보냈다.

잔의 외할머니 루이즈 드 사보아는 하나뿐인 딸이 늦은 나이에 낳은 외손녀를 끔찍이 예뻐하였으며 잔은 궁정 사람들의 사랑과 보살핌 속에 행복한 어린 시절을 보내고 있었다.

그러던 어느 날 이제 겨우 12살이 된 잔은 외삼촌 프랑소와 1세의 명으로 독일의 신흥귀족 가문인 클레브스 공작 빌헬름(Guillaume de Clèves, 1516~1592)과 정략 결혼해야 하는 처지에 놓이게 되었다. 프랑소와 1세는 그 1년 전에 빌헬름의 누나인 독일의 공작녀 안 클레브스가 영국왕 헨리 8세의 네 번째 왕비가 되었다는 소식을 듣자 라이벌인 신성로마제국의 황제 카를 5세를 견제하고자 조카 잔을 독일의 공작과 결혼시킬 계획을 세웠던 것이다.

어린 잔은 사랑하는 부모님과 외할머니 그리고 고향 프랑스를 떠나 알지도 못하는 먼 나라로 시집가고 싶지 않았다. 어릴 때부터 유난히 고집이 세고 예민한 성격이었던 잔은 외삼촌의 명령을 온몸으로 거부하며 단식투쟁을 벌였다. 내성적이고 고분고분하던 잔의 돌발행동에 당황한 프랑소와 1세는 측근들을 동원해 조카를 회유하고 달래보기도 했으나 잔의 완강한 태도는 바뀌지 않았다. 급기야 프랑소와 1세는 잔의 가정교사 니콜라 드 부르봉에게 그녀를 매질하도록 만들기도 했다.

외삼촌과 어린 조카의 팽팽한 긴장감 속에 결혼식 날은 점점 다가오고

부르봉 가문의 영지인 라 플레슈, 이 카르므 성(Chateau des carmes)은 앙트완의 어머니 프랑소와즈 달랑송이 건축하였고 현재는 라 플레슈의 시청사로 쓰이고 있다.

있었다. 결혼식 날짜는 1541년 7월 13일로 잡혀있었고 결혼식 장소는 푸아투 지방의 샤텔로(Châtellerault)에 있는 성당이었다. 잔은 결혼식 당일에 시종들에게 둘러싸여 강제로 마차에 태워졌고 샤텔로에 도착해서는 궁정 사람들에 의해 끌려가다시피 성당으로 들어갔다. 그리고 그녀는 밤새 울어 퉁퉁 부은 얼굴로 결혼식 미사에 참석했다.

결혼식이 끝나자마자 잔은 쏜살같이 나바르 왕국으로 달아났으며 이 커플은 첫날밤도 치르지 못한 채 명목상의 부부로 남아있었다. 그리고 5년이 지난 후 정치적인 이유로 이 결혼은 혼인무효가 선언되었다.

결혼식 날 잠깐 본 게 전부였던 신부 잔의 명목상의 남편이었던 클레브스 공작 빌헬름은 1516년 독일의 뒤셀도르프에서 태어났다. 그는 라마르크 백작 지위도 겸하고 있었으며 당시 떠오르던 독일의 부유한 신생 가문 출신이었다. 그는 독실한 신교도였으며 자신의 궁정에 에라스무스 같은 종교개혁가들을 비롯한 인문주의자들을 대거 받아들여 그들의 후원자로 이름을 날렸다.

클레브스 공작 빌헬름은 잔 달브레와의 형식적인 결혼이 무효화 되자마자 같은 해인 1546년 신성로마제국 황제 페르디난드 1세의 셋째 딸 마리 드 합스부르그와 결혼했다. 만일 잔이 고집을 꺾고 외삼촌 프랑소와 1세의 말을 들어 빌헬름과 결혼생활을 유지했었더라면 오히려 그녀에게는 편안한 삶이 보장되었을 것이다. 왜냐면 빌헬름과 그녀는 종교적으로 마음이 잘 맞는 부부였을 것이기 때문이다. 그러나 그녀는 그녀의 운명이 이끄는 대로 구교도인 프랑스 왕족과 결혼하여 부부 간에 극심한 종교 갈등을 겪으며 평생 마음고생하고 살 운명이었나 보다.

결혼식을 끝마치자마자 나바르 왕국으로 달아나 줄곧 나바르에서 지내던 잔은 외삼촌 프랑소와 1세가 사망하고 나자 방돔 공작 앙트완 드 부르봉(Antoine de Bourbon, 1518~1562)과 1548년 10월 20일 물랭(Moulin)에서 결혼식을 올렸다. 잔은 20세, 앙트완은 30세였다. 그러나 앙트완과의 결혼도 순탄하지는 않았는데 바로 잔의 어머니 마르그리

잔 달브레의 남편 앙트완 드 부르봉 초상화.
프랑소와 클루에 작. 1560년경

뜨 당굴렘이 이 결혼을 결사반대했기 때문이다. 그러나 예로부터 자식 이기는 부모 없듯이 잔이 완강하게 결혼을 고집하자 마르그리뜨도 하는 수없이 결혼을 허락했었다.

아마도 마르그리뜨 당굴렘은 첫 남편의 시누이인 사위 앙트완의 어머니 프랑소와즈 달랑송(Françoise d'Alençon, 1490~1550)이 부담스러웠을 수도 있다. 마르그리뜨는 예전에 첫 남편 샤를 달랑송이 죽자 그의 작위와 영지를 물려받아야 할 시누이 프랑소와즈의 몫을 가로챘었다. 게다가 알

랑송 가문은 독실한 카톨릭 교도들이었으므로 신교도인 마르그리뜨와는 종교적으로도 맞지 않았던 것이다. 그러나 마르그리뜨는 예전의 시누이와 다시 사돈 간이 되는 운명의 쳇바퀴를 받아들여야 했다.

잔 달브레의 남편 앙트완 드 부르봉은 루이 9세의 직계후손으로 1518년 4월 22일 엔느(Aisne) 지방의 라 페르(Château de la Fère) 성에서 아버지 샤를 드 부르봉(Charles 4 de Bourbon, 1489~1537)과 어머니 프랑소와즈 달랑송(Françoise d'Alençon, 1490~1550) 사이에 둘째 아들로 태어났다.

앙트완의 아버지 샤를 드 부르봉은 프랑스 왕 루이 9세의 막내아들인 부르봉 공작 로베르 드 클레르몽의 7대 후손으로 부르봉 가문은 발로아 왕가와 함께 프랑스 귀족사회의 큰 양대 산맥이었다.

샤를 드 부르봉은 프랑스 군대 총사령관으로서 루이 12세와 함께 이탈리아 원정에 동행했으며 프랑소와 1세의 재위기간에는 왕의 최고 자문관으로서 마리냥 전투(Bataille de Marignan, 1515)에도 참여했었고 1525년의 파비아 전투(Bataille de Pavie, 1525)에서는 프랑소와 1세와 함께 포로로 잡혀 마드리드 감옥에 왕과 함께 갇혀있기도 했다. 그는 일평생을 전쟁터에서 보낸 장군이었다.

샤를 드 부르봉은 지금의 룩셈부르크 대공과 에스파니아의 부르봉 왕조의 선조이며 프랑스 왕 앙리 4세의 친할아버지이다. 또 앙트완의 어머니 프랑소와즈 달랑송은 아버지 알랑송 공작 르네와 어머니 마르그리뜨

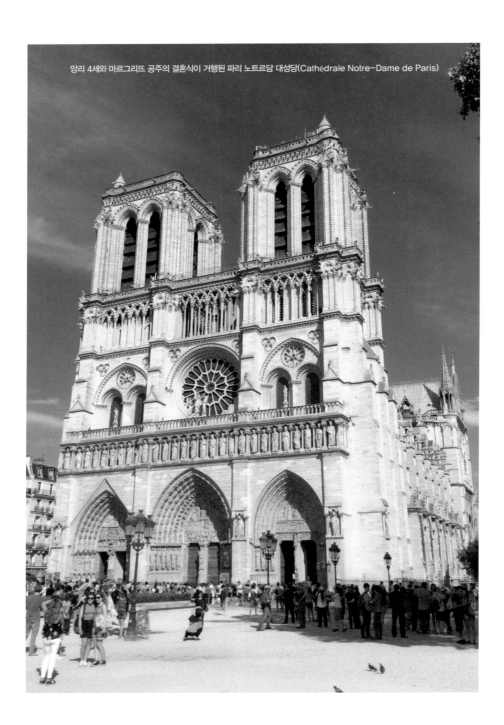
앙리 4세와 마르그리뜨 공주의 결혼식이 거행된 파리 노트르담 대성당(Cathédrale Notre-Dame de Paris)

드 로렌 사이에 첫째 딸로 태어났으며 앙리 4세의 친할머니이다.

어머니 마르그리프 당굴렘의 반대를 무릅쓰고 결혼한 잔 달브레는 남편 앙트완 드 부르봉과의 14년간의 결혼 생활 동안 모두 5명의 자녀를 두었는데 그중 셋은 어려서 죽고 차남 앙리(후에 앙리 4세)와 막내 딸 카트린(Catherine de Bourbon, 1559~1604)만 살아남았다.

잔의 둘째 아들 앙리는 어려서부터 신교도인 어머니와 구교도인 아버지의 종교적 갈등을 고스란히 보고 자랐다. 앙리는 아버지 앙트완이 강압적으로 자신에게 카톨릭 세례를 받게 했었던 일로 어머니 잔이 고통 받는 모습을 평생 잊지 못했으며 아버지가 자신과 어머니를 떼어놓으려 억지로 자신을 프랑스 궁정에서 지내게 했었던 일로 마음의 상처를 입었었다. 앙리는 아버지 앙트완이 사망한 후에 신교로 개종했다.

앙리는 1572년에 어머니 잔 달브레의 갑작스러운 사망으로 나바르 왕이 되었다. 그리고 같은 해에 그는 프랑스 왕 앙리 2세(Henri Ⅱ, 1519~1559)의 딸 마르그리프 공주(Marguerite de Valois, 1553~1615)와 노트르담 대

앙리 4세(1553~1610)

성당에서 결혼식을 올렸다. 그러나 결혼식 피로연이 한창이던 8월 24일 새벽 루브르궁 근처에 위치한 생 제르맹 옥세르 (L'église Saint Germain l'Auxerrois) 교회의 종이 파리 시내에 힘차게 울려 퍼지자 이것을 신호탄으로 신교도에 대한 구교도의 학살이 자행되었다.

블로아 성 왕비의 침실에 걸려있는 마르그리뜨 발로아 초상화

이것이 생 바르텔레미 대학살(Massacre de la Saint-Barthélemy, 1572. 8. 24)이다.

생 바르텔레미 학살의 시작은 이 생 제르맹 옥세르 교회(Eglise Saint-Germain l'Auxerrois)의 종이 울리면서 시작되었다.

1572년 8월 24일, 생 바르텔레미 축일에 있었던 구교에 의한 신교도의 대학살 사건

오늘날까지도 프랑스 전역에서 사망한 신교도의 숫자가 정확하게 파악되지 않을 만큼 갑작스럽고 엄청난 규모였던 이 대학살로 앙리의 결혼식에 참석하기 위해 모여든 수많은 신교도들과 또 당시 신교도의 수장이었던 가스파르 콜리니(Gaspard de Coligny, 1519~1572) 제독이 구교도들에 의해 희생되었다.

그러나 앙리는 처남인 프랑스 왕 샤를 9세(Charles IX roi de France, 1550~1574)와 그의 동생 알랑송 공작 프랑소와(François, duc d'Alençon, 1555~1584) 그리고 아내인 마르그리뜨의 도움으로 목숨을 건질 수 있었다.

앙리는 1589년 발로아 왕조의 마지막 왕인 앙리 3세가 암살당하자 그의 유언에 따라 프랑스 왕으로 즉위하여 부르봉 왕조를 창시하고 앙리 4

세가 되었다. 또한 잔 달브레의 딸 카트린(Catherine de Bourbon, 1559~1604)
은 태어나자마자 외할아버지의 작위를 이어받아 달브레 공작녀와 아르마
냑 백작녀로 불리었다.

카트린은 어려서부터 몸이 허약
해서 어머니 잔의 걱정이 이만저
만이 아니었는데 잔은 카트린의
병을 고치기 위해 전국의 명의를
백방으로 수소문해 그들로 하여금
딸의 건강을 호전시키기 위해 무
척 애썼다고 한다. 이 달브레 가문
사람들이 대부분 폐결핵으로 사망
한 것으로 보아 카트린도 어려서
부터 폐결핵을 앓았던 듯하다.

잔 달브레의 막내딸 카트린 드 부르봉. 니콜라 케넬 작

카트린은 어머니의 영향으로 독실한 신교도가 되었다. 막내였던 그녀
는 3살에 아버지를 여의고 13살에 어머니를 여의었다.

카트린은 사촌인 샤를 드 부르봉-수아송 백작(Charles de Bourbon-
Soissons, 1566~1612)과의 결혼을 오빠 앙리 4세가 반대하여 결혼이 무산
된 후 마땅한 혼처 자리가 없어 홀로 지내고 있다가, 40세의 늦은 나이에
오빠 앙리 4세의 정치적인 협상의 희생양이 되어 카트린 드 메디치의 외

손자인 로렌의 앙리 2세(Henri II de Lorraine, 1563~1624)와 결혼하였다.

카트린은 이 결혼이 너무 싫었는데 신교도인 자신과 달리 남편 로렌 공작 앙리 2세는 카톨릭 교도로서 구교 동맹의 핵심 멤버였기 때문이다. 카트린은 사랑하는 남자와 결혼도 하지 못하고 오빠에 의해 철저히 정략 결혼을 한 불행한 삶을 살다가 결혼한 지 5년 후인 1604년 낭시(Nancy)에서 45세 나이에 폐결핵으로 자식 없이 사망하였다.

잔 달브레는 1555년 아버지 나바르 왕 엔리케 2세가 죽자 아버지의 뒤를 이어 나바르 여왕으로 즉위했다. 원래 프랑스 왕국은 살리크 법(loi Salique)에 따라 여성은 왕위에서 철저하게 배제되어야 했지만 나바르 왕국은 살리크 법이 적용되지 않아서 그녀는 무난히 여왕이 될 수 있었다. 그리고 남편 앙트완 드 부르봉도 나바르 왕이 되어 잔과 함께 공동 통치자가 되었다.

앙트완은 결혼 초기에는 신교도인 아내 잔 달브레의 영향으로 신교로 개종하는 등 종교개혁에 대해 상당히 우호적인 입장이었다. 그러나 성당 미사에는 빠짐없이 참석했다고 한다. 또한 앙트완은 부르봉 가문의 맏이로서 프랑스 왕실에서의 그의 지위는 매우 높았다. 만약 발로아 왕가의 남자들이 모두 후사 없이 사망한다면 그가 왕위 서열 1위에 오르게 된다.

앙트완은 프랑소와 1세의 차남 앙리(후에 앙리 2세)와는 어릴 적부터 블로아 성에서 함께 자란 죽마고우로 앙트완은 평생 앙리 2세를 위해 싸웠다. 그런 그가 왕실 종친으로서 또 왕의 친구로서 프랑스 궁정에 드나드는 일이 많아지면서 점차 그의 종교적 성향은 구교 쪽으로 기울어가고 있었다.

우선 프랑스 왕 앙리 2세(Henri Ⅱ, roi de France, 1519~1559)는 신교도들을 매우 싫어했으며 신교 탄압 정책을 쓰기도 했었기 때문에 가뜩이나 종교적인 신념이 투철하지 않았던 앙트완은 정치적으로 점점 구교 진영에 서게 되었던 것이다.

이렇게 되자, 신교도인 잔과 구교로 돌아선 앙트완은 종교 문제로 서로 다투는 일이 많아졌고 가정불화도 점점 심해졌다. 급기야 앙트완은 아예 나바르 왕국을 떠나 블로아 성에 거주하였다.

그런 그의 행동을 예의주시한 한 여인이 있었으니 바로 앙리 2세의 왕비 카트린 드 메디치

카트린 드 메디치 초상화

(Catherine de Médicis, 1519~1589)

였다. 카트린은 당시 강력하게 부상하고 있던 기즈 가문(Maison de Guise)

사람들을 왕실에 대한 도전 세력으로 간주하여 눈엣가시로 여기고 있었다. 그녀는 카톨릭 세력 간의 대립이 필요함을 절실히 느끼고 있었다.

그러던 중 마침 부부 사이가 소원해지고 사실상 별거상태에 있던 앙트완이 궁정에 머무르는 일이 잦아지자 카트린은 그를 구교 진영에 계속 붙잡아 두기 위해 미인계를 썼다. 카트린은 자신의 시녀인 절세미인 루이즈 드 라 베로디에르(Louise de la Béraudière, 1530~1586)로 하여금 앙트완을 유혹하게 했고 루이즈는 곧 그의 정부가 되었다.

그러나 앙트완과 루이즈의 연애 사건은 오래가지 못했고 루이즈가 앙트완의 사생아를 낳을 때쯤 앙트완은 다른 여인에게 빠져있어 둘의 관계는 끝이 났다. 루이즈와 앙트완의 아들 샤를(Charles de Bourbon, 1554~1610)은 후에 루앙대주교가 되었으며 그는 이복형인 앙리 4세에게 평생 충성하였다.

앙트완 드 부르봉의 정부였던 루이즈 드 라 베로디에르. 프랑소와 클루에 데생 작

앙트완의 정부 루이즈 드 라 베로디에르는 그녀가 왕비의 시녀로 있으며 프랑스 궁정에 머물던 시절에 궁정의 최고미녀로 이름을 날리면서

제 1차 종교전쟁 당시
위그노의 거점도시였던 루앙.
유럽에서 가장 오래된 천문시계탑이 보인다

수많은 스캔들을 일으켰다. 심지어 카트린 드 메디치의 두 아들 샤를과 앙리도 그녀의 애인이었으며, 훗날 그녀가 궁정에서 은퇴해 자신의 성에 안주했을 때 수많은 인문학자들이 그녀의 성에 드나들며 그녀에게 접근했으나 그녀의 사랑을 얻지 못한 사람들이 부지기수였다.

그러나 그중 심각하게 염문을 뿌리며 그녀의 사랑을 독차지한 인물이 있는데 그는 바로『수상록』을 쓴 미셸 드 몽테뉴(Michel de Montaigne, 1533~1592)였다.

한편 남편과 별거 아닌 별거를 하게 된 잔 달브레는 혼자서 나바르 왕국을 다스리고 있었다. 그녀는 외교적으로 에스파니아와 접촉해 아버지 엔리케 2세가 그토록 원했으나 이루지 못한 동, 서 나바르 왕국의 통합을 위해 에스파니아 왕 필립 2세와 회담을 거듭했으나 결과적으로 얻은 것은 없었다. 또 그녀는 자신의 왕국에서 종교개혁을 단행했는데 아직 카톨릭과 완전히 절교한 것은 아니고 신교도들이 왕국에서 마음껏 종교 활동을 하는 것을 묵인하는 정도였다.

그러나 그녀는 자신의 왕궁에 베즐레 태생의 저명한 종교개혁가 테오도르 드 베즈(Théodore de Bèze, 1519~1605)가 드나들면서부터 그의 사상에 깊이 감화되어 그를 평생 스승으로 섬기며 점차적으로 그녀 자신이 외골수적인 신앙인이 되어갔다.

반면 종교적 신념이 투철하지 않아 여러 차례 신교와 구교를 왔다갔다하던 남편 앙트완은 다시 구교로 돌아선 상태였으므로 잔은 남편의 마음을 돌이킬 수 없음을 알고 남편의 의사를 존중해 그가 구교도인 프랑스 왕실 측에 선 것을 원망하지는 않았다.

그러나 앙트완은 너무나 완고한 신교도인 잔을 매우 못마땅해 했다. 그래서 그는 한때 그녀를 이단으로 몰아 나바르 왕국에서 쫓아내고 자신이 왕국을 다스릴 계획도 세웠었다.

앙트완이 다시 나바르 왕국으로 돌아와 머물고 있을 때 그의 동생 콩데공 루이(Louis de Bourbon-Condé, 1530~1569)가 '앙부아즈의 음모' 사건에 연루되어 나바르로 피신을 오게 되었다.

콩데공 루이는 형과 달리 매우 신념에 찬 신교도였는데 프랑스 왕 앙리 2세가 죽고 그의 아들 프랑소와 2세가 새로 즉위한 후, 프랑소와 2세의 처삼촌들인 기즈공들이 구교동맹을 이끌며 득세하기 시작하자 루이의 행동도 점차 과격해지기 시작했다.

기즈공들은 앙부아즈의 음모사건에 당연히 콩데공 루이가 적극 가담했다고 의심했지만 그가 연행되지 않은 이유는 음모에 가담했다는 문서로 남은 증거가 없었기 때문인데, 그는 가택 연금만 당한 상태에서 탈출해 형과 형수가 있는 나바르 왕국으로 도망 왔던 것이다.

앙트완의 입장에서는 아내 잔 달브레와 동생 콩데공 루이가 짝짜꿍이 맞아 신교에 대해 열렬히 옹호하는 발언을 할 때마다 구교도인 자신은 그 둘에 의해 홀로 고립되는 분위기였다. 뜻하지 않은 동생의 등장으로 매일을 불편함 속에 지내던 앙트완은 마침내 프랑스 왕 샤를 9세의 부름을 받자 냉큼 파리로 올라갔다.

당시의 프랑스는 신, 구교 간의 종교갈등이 최고조에 달하며 일촉즉발의 상황이었는데 결국 신교도들이 프랑스 북부도시 루앙을 장악하면서 프랑스 왕실을 위협하자 프랑소와 2세의 뒤를 이어 왕위에 오른 어린 샤를 9세를 대신해 섭정을 맡고 있던 카트린 드 메디치가 앙트완을 '국왕대리관'으로 임명하여 루앙으로 보냈다. 그리하여 앙트완은 제1차 종교전쟁으로 불리는 루앙 공성전에 국왕대리관 자격으로 참전하고 있었다.

1562년 11월 3일 차가운 늦가을 밤에 앙트완은 루앙 도시 성벽에 소변을 누려고 순찰을 핑계 삼아 나갔다가 어디선가 날아든 화승총에 등을 맞아 심각한 부상을 입게 되었다. 근처 레 장들리(Les Andelys) 마을의 수도원으로 옮겨진 그는 그곳에서 약 보름간 죽음과 사투를 벌이다 11월 17일 사망하였다.

계몽사상가 볼테르(Voltaire, 1694~1778)가 앙트완의 이 죽음을 두고, "앙리 2세의 친구로 평생 아무런 명예 없이 살다 소변보다 죽다"라고 썼다.

남편 앙트완 드 부르봉이 사망한 후부터 잔의 종교개혁은 급물살을 타기 시작했다. 그녀는 나바르 왕국 내의 카톨릭 교도들에 대해 대대적인 추방명령을 내렸다.

그녀는 칼뱅의 가르침을 베아른(Béarn)어로 출판했고, 옥테즈(Orthez)에 신교학교를 설립하여 신약성서를 바스크(Basque)어로 번역하게 하고 그중 시편을 베아른어로 번역했다.

급기야 1570년에는 잔이 추방한 카톨릭 성직자들에 대한 옹호세력들이 나타나 나바르 왕국 내에서 잔에 대한 반란의 움직임이 감지되기도 했다. 그녀의 이러한 카톨릭 배척 정책에 대해 루이 12세의 딸 르네 드 프랑스는 지인과의 서신에서 "잔은 광신도에 가까우며 그녀의 위험한 여러 행동들로 인해 오히려 신교도가 위험에 처해있다"며 "구교와 신교 사이를 이간질시키는 주범이 바로 '잔'이다"라고 불만을 토로하기도 했다.

1568년 3차 종교전쟁이 일어나자 잔은 신교도의 본거지인 라 로셸(La Rochelle)로 직접 군대를 이끌고 갔다. 그녀는 그곳에서 아들 앙리를 신교 무리들의 우두머리로 임명하고 군사부분을 뺀 모든 분야를 지휘하게 했다. 또한 잔은 앙리에게 이웃 신교국가들의 왕자들과 교류하며 지내라고 권유했다.

전쟁이 한창 진행 중이던 1569년 3월에 신교도의 정신적인 지주였고 그동안 군대를 지휘했던 시동생 콩데공 루이가 암살당했다. 그는 앙주 공작(후에 앙리 3세)의 근위대장 조셉 프랑소와 드 몽테스키우에게 자르낙(Jarnac)에서 총에 맞아 죽음을 맞이했던 것이다.

무엇보다 앙리의 슬픔은 컸다. 그는 아버지 사망 후 누구보다 믿고 의

지하던 작은아버지 콩데공의 죽음으로 실의에 빠진 나날을 보냈다. 그리고 위그노(신교도)들도 콩데공의 죽음으로 전의를 상실한 채 전쟁에서 후퇴를 거듭하다 이듬해인 1570년 몽콩투르 전투(Bataille de Moncontour)에서 최종적으로 왕실 군대에게 패배했다.

잔 달브레는 이 패배를 인정하지 않았지만 수하의 신하들이 구교측과 협상하여야 한다고 수차례에 걸쳐 그녀를 설득했다. 마침내 같은 해 구교측의 프랑스 왕 샤를 9세와 신교측의 가스파르 콜리니 제독사이에 생 제르맹 평화조약(Paix de Saint-Germain)이 체결되었다. 전쟁에서 패배하고 굴욕적인 조약까지 체결한 상태에서 절망한 잔 달브레는 라 로셸을 떠나 나바르 왕국으로 돌아갔다.

한편 프랑스 궁정에서는 프랑소와 2세가 죽고 그의 동생 샤를 9세가 10살의 나이로 즉위하자 아들의 어린나이를 내세워 왕의 모후 카트린 드 메디치가 섭정에 오르며 역사의 전면에 등장하고 있었다.

1570년 3차 종교전쟁이 카톨릭 측의 승리로 끝나고 생제르맹 평화협정이 체결되자 카트린 드 메디치는 신, 구교의 화합을 절실히 느끼게 되었다. 왜냐하면 카톨릭 동맹을 이끌던 기즈가의 형제들이 국정을 좌지우지하며 프랑스 궁정에서 갈수록 기고만장하는 행태를 보였기 때문이다.

그녀는 더구나 프랑스 왕인 자신의 아들보다 파리시민들이 기즈공 앙리를 자신들의 왕으로 부르며 그에게 존경심을 나타내는 데 경악하게 되었다. 파리를 비롯해 프랑스 전역에서 앙리 드 기즈(Henri de Guise, 1550~1588)의 인기가 날로 더해져 가고 있었다. 그래서 카트린 드 메디치가 내린 결단은 신교도인 나바르의 왕세자 앙리와 자신의 셋째 딸 마르그리트 공주를 결혼시키는 것이었다. 그렇게 되면 표면적으로는 신, 구교의 화합이라는 명목을 내세울 수 있고 또 한편으로는 왕권까지 넘보던 기즈공들의 권력과 인기를 누그러뜨릴 수 있기 때문이었다.

카트린 드 메디치는 곧 잔 달브레에게 전갈을 보냈다. 잔은 아들 앙리와 마르그리트 공주의 결혼을 처음부터 반대했다. 그녀의 입장에서 이 결혼은 말도 안 되는 결합이었다.

그러나 언제 프랑스 왕실군대가 나바르를 위협할지 모르는 상황에서 마냥 손 놓고 있기보다는 일단 파리로 올라가 왕실 측과 결혼협상을 하며 시간을 벌어보자는 신하들의 요청을 받아들여 잔은 하는 수없이 파리로 올라갔다.

사실 암살당한 시동생 콩데공 루이와 구교 측으로부터 끊임없이 살해 위협에 노출되어있던 가스파르 콜리니 제독의 실각은 그녀에게 엄청난 핸디캡으로 작용하고 있었다. 때문에 아들 앙리의 목숨도 담보되지 않은 상태에서 그녀가 무작정 이 결혼을 반대할 입장도 아니었다.

왕실의 결혼 조건은 하나였다. 그것은 "마르그리트 공주는 신교로 개종하지 않는다"는 것이었다. 잔은 고심 끝에 이 조건을 받아들였다.

파리 리볼리(Rue de Rivoli) 거리에 있는 가스파르 콜리니 제독의 석상

결혼 날짜는 8월 18일로 잡혔고 잔은 아들의 결혼식을 준비하기 위해 생 제르맹-엉레 성에 머물고 있었다. 그러나 잦은 기침과 각혈을 하기 시작한 잔은 아들의 결혼식을 보지 못한 채 1572년 6월 9일 44세를 일기로 갑작스럽게 사망했다.

잔 달브레의 갑작스러운 죽음에 대해, 당시 카트린 드 메디치가 자신이 피렌체에서 데려온 향수제조자에게 부탁해 잔 달브레의 장갑에 독약을 묻혀 살해했다는 소문이 나돌았다. 그러나 잔 달브레의 주치의인 두 명의 위그노 의사들도 독살이 아니라고 증언했고 또 잔은 전부터 폐결핵을 앓고 있었기 때문에 카트린 드 메디치로서는 억울하게 누명을 쓴 꼴이 된 셈이다.

사실 카트린 드 메디치는 그녀의 일생의 목표가 신, 구교의 화합에 있던 만큼 신교도에 다분히 우호적인 입장이었다. '앙부아즈의 음모' 사건에서 그가 가담했다는 문서가 발견되는 바람에 다시 체포되어 사형을 기다리던 콩데공 루이를 석방시켜준 것도 카트린이었기 때문에 이 소문의 근원지는 기즈가 사람들일 가능성이 농후하다.

생 제르맹-엉레 성에서 태어나 생 제르맹-엉레 성에서 사망한 나바르 여왕 잔 달브레는 어머니 마르그리뜨 당굴렘의 영향으로 그 자신도 독실한 신교도로 일생을 살았으며 오늘날까지 프랑스인들이 가장 사랑하는 왕 중 한 명인 앙리 4세를 훌륭하게 키워낸 여장부였다.

생 제르맹-엉레 성(Chateau de Saint-Germain-en-Laye). 잔 달브레는 이 성에서 태어나고 이 성에서 숨을 거두었다.

그녀는 방돔(Vendôme) 지방의 생 조르주 수도원(Collégiale Saint-Georges)
의 지하 납골묘에 10년 전에 사망해 매장되어있던 남편 앙트완 드 부르봉
곁에 묻혔다. 그러나 부부의 무덤은 1793년 프랑스혁명 때 시민혁명군들
에 의해 도굴 당했으며 현재까지 행방을 알 수 없다.

마틸드 드 플랑드르

(Mathilde de Flandre, 1031~1083.11.2.)

"정복왕 기욤이 일생동안 사랑한 영원한 반려자"

마틸드 드 플랑드르는 1031년 플 랑드르 백작 보두앙 5세(Baudouin V, 1012~1067)와 프랑스 공주 아델 (Adèle de France, 1009~1079)의 2남 1 녀 중 외동딸로 부르헤(현재의 벨기에 북부도시)에서 태어났다.

마틸드의 아버지 보두앙 5세는 프랑스 왕 필립 1세(Philippe I, 1052 ~1108)가 7살의 어린 나이로 왕위에 오르자 프랑스 왕국의 종친자격으로 필립 1세의 모후인 안느 드 키에프(Anne de Kiev, 1024

노르망디 공작 리차드 3세(1008~1027), 마틸드의 어머니 아델 드 프랑스의 첫 남편이었다.

~?)와 함께 공동섭정을 맡았던 인물로, 당시 서유럽의 막강한 제후들 중 다섯 손가락 안에 드는 강력한 군주였다.

마틸드의 어머니 아델 드 프랑스는 프랑스 왕 로베르 2세(Robert II, 972~1031)의 막내딸로 태어나 첫 번째 결혼을 노르망디 공작 리차드 3세와 했으나 그가 결혼 6개월 만에 급사하자 플랑드르 백작 보두앙 5세와 재혼했다.

따라서 마틸드는 외가 쪽 혈통으로 프랑스 카페 왕조(Capétiens, 987 ~1328)의 시조인 위그 카페(Hugues Capet, 941~996)의 증손녀가 된다.

마틸드의 오빠 보두앙(Baudouin
Ⅵ, 1030~1070)은 후에 아버지의 뒤
를 이어 플랑드르 백작 보두앙 6세
가 되었다.

마틸드의 남동생 로베르(Robert,
1035~1093)는 작센의 게르트루드
Gertrude de Saxe, 1028~1113)와
의 결혼으로 처가의 막대한 재산과
영지를 소유하게 된 행운의 사나이
였다.

마틸드의 남동생 로베르. 그는 형의 사망 후 형수와
벌인 권력싸움에서 이겨 형의 플랑드르 백작 지위
(1071~1093)를 가로챘다.

당시엔 관행상 장자에게만 아버지의 작위와 재산을 물려주었기 때문
에 차남으로 물려받을 재산이 없었던 로베르는 부유한 미망인 게르트루
드와 결혼하였고, 게르트루드는 죽은 남편으로부터 상당한 재산을 물려
받았으므로 자연히 로베르도 아내 게르트루드의 재산을 관리하며 풍요
로운 삶을 살 수 있었다.

야망이 대단했던 로베르는 결혼으로 얻게 된 의붓딸 베르트(Berthe, 게
르트루드가 첫 남편 네덜란드의 플로랑 1세와의 사이에 낳은 딸, 1058~1093)를 프
랑스 왕 필립 1세에게 시집보내는 데 성공한다.

이 결혼은 로베르가 형 보두앙 6세가 사망한 후 형수 에노의 리칠드 (Richilde de Hainaut, 1027~1087)와 겨룬 권력싸움에 끼어든 필립 1세의 군대를 물리치면서(카셀 전투, 1071년) 맺게 된 강화조약의 일환으로 이루어진 정략결혼이었다.

필립 1세의 입장에서는 굴욕적인 결혼이었지만 당시 프랑스 왕국은 일드 프랑스(Ile-de-France, 프랑스 수도 파리와 근교를 포함하는 지역) 정도만 보유한, 극히 한미한 왕국이었으므로 별다른 대항을 할 입장이 못 되었다.

그리하여 필립 1세의 첫 부인이 된 베르트는 훗날 프랑스 왕이 된 루이 6세를 비롯해 6명의 아이들을 낳으며 프랑스 왕비로 행복한 나날들을 보내고 있었으나, 마음속에 굴욕감을 느끼며 참고 살던 남편 필립 1세는 새로운 여인과 사랑에 빠지자 느닷없이 20년을 함께한 조강지처 베르트를 내쫓아 프랑스 북부 칼레 지방 몽트레이(Montreuil) 마을의 외딴성에 가두어 버렸다. 탑에 갇힌 베르트는 눈물로 지새우며 자식들을 그리워하다 3년이 못되어 사망하였다.

플랑드르 백작녀 마틸드는 부유한 백작가문의 외동딸로, 또 프랑스 왕 앙리 1세(Henri I, 1008~1060)의 조카로 경제적으로나 혈통으로나 어디에 내놔도 손색없는 신붓감으로 성장했다. 그렇게 풍요로운 어린 시절을 보내던 그녀는 18세가 되던 1048년경부터 자신의 결혼상대가 거론되는 것을 관심을 갖고 지켜보았다.

이듬해 봄, 마틸드는 부모로부터 자신의 결혼상대가 노르망디공작 기욤으로 정해졌다는 얘기를 전해 듣고 말할 수 없는 분노에 휩싸였다. 왜냐하면 들려오는 소문으로 그가 '사생아'라는 말을 들었기 때문이다. 그러나 마틸드의 아버지 보두앙 5세는 외교적으로 노르망디 공국과의 동맹이 필요했으므로 딸의 결혼을 어떻게든 성사시키려 했다.

노르망디 공국의 요새 성 캉(Caen)의 성곽 입구

또 마틸드의 어머니 아델도 딸이 방문을 걸어 잠근 채 식음을 전폐하다시피하자 매일 밤 그녀의 방문 앞에서 딸의 마음을 돌리려 애썼다. 그러나 마틸드는 완곡하게 기욤과는 결혼하지 않겠다고 부모에게 맞섰다.

한참 마틸드와 기욤의 결혼협상이 진행되던 1049년 10월, 그해 열린 랭스 공의회에서 교황 레오 9세는 이 결혼에 반대의사를 표명했다. 사실 교황은 그에 대한 명백한 설명이 없었지만 12세기의 수도사 출신 연대기 작가 오르데릭 비탈(Orderic Vital, 1075~1141)은 아마도 교황이 '근친결혼'을 이유로 두 사람의 결혼을 반대했을 것이라 기록했다.

근친결혼이 결혼반대의 이유라면 교황의 말은 옳았다. 마틸드의 할머니 즉 보두앙 5세의 어머니(사실 계모) 엘레노어 드 노르망디가 기욤의 아버지 노르망디 공작 로베르의 여동생이기 때문이다. 따라서 보두앙 5세와 기욤은 사촌간이 되고 마틸드에게 기욤은 5촌 아저씨뻘이 되는 것이다. 또 마틸드의 어머니 아델도 노르망디 가문과 인연이 깊은데 아델의 첫 남편 노르망디 공작 리차드 3세가 기욤의 큰아버지였다.

기욤의 아버지인 노르망디 공작 로베르 1세

마틸드는 교황까지 이 결혼의 승인을 거부한 만큼 자신의 결혼협상이 무산되길 빌고 또 빌었다. 그러나 그녀의 간절한 바람에도 불구하고 양가의 결혼협상은 순조로이 진행되어갔고 어느덧 결혼 날짜까지 잡혔다.

배우자가 될 마틸드가 여전히 고집을 부리며 결혼 거부의사를 분명히 하고 있다는 소식은 멀리 있는 기욤도 익히 들어 알고 있었다.

물론 신부의 귀여운 앙탈쯤으로 치부해 버릴 수도 있었지만 기욤은 손수 부르헤 궁으로 가서 신부를 데려오기로 마음먹었다.

노르망디(Normandie) 지방 칼바도스(Calvados) 현 팔레즈 (Falaise) 읍에 위치한 팔레즈 성. 역대 노르망디 공작들이 거주했던 성으로 기욤도 이 성에서 태어나고 자랐다. 잉글랜드의 참회왕 에드워드가 피난 와 있으면서 어린 기욤에게 장래 잉글랜드 왕의 자리를 약속했던 역사적인 장소이다. 현재의 성은 12세기에 다시 지어진 것이며 지금도 꾸준히 보수작업이 진행되고 있다.

전하는 전설에 의하면 마틸드와 대화를 나누던 기욤이 자신을 무시하는 마틸드에게 화가 치밀어 그녀에게 손찌검을 했다고도 한다. 어쨌든 그녀가 노르망디로 가기를 완강히 거부하자 기욤도 이 결혼 얘기는 없던 것으로 하자며 그녀를 포기하고 혼자 돌아가려 할 때쯤, 갑자기 그녀는 마음을 바꾸어 결혼을 승낙했다고 한다.

우여곡절 끝에 배를 타고 노르망디의 캉에 도착한 미래의 신랑 신부는 그때까지도 화가 안 풀린 채 티격태격하다 결국 기욤이 말꼬리에 마틸드를 묶어 캉의 성까지 끌고 갔다는 전설이 전해져 내려온다.

당시의 결혼 연령으로는 늦은 나이인 20살의 마틸드는 23살의 기욤과 노르망디 공국의 수도 루앙의 대성당(Cathédrale Notre-Dame de Rouen)에서 성대하게 결혼식을 올리고 마침내 부부가 되었다. 물론 교황 레오 9세는 이 결혼의 승인을 거부했지만 기욤은 결혼식을 강행했다.

마틸드의 남편 기욤은 노르망디 공작 로베르 1세(Robert I, 1010~1035)와 팔레즈 성읍 출신의 평민 처녀 아를레트(Arlette de Falaise, 1003~1050) 사이에 외아들로 태어났다.

기욤의 아버지 로베르는 노르망디 공 리차드 2세의 둘째 아들로, 형 리차드 3세가 독이 든 복숭아를 먹고 19살의 나이에 급사하자 형의 뒤를 이어 노르망디 공작 작위를 물려받았는데 그가 형이 공작으로 있을 당시 줄곧 형에게 반역 행위를 일삼던 전력 때문에 동시대 사람들은 물론 후대에 이르기까지 그가 형 리차드 3세를 독살했다고 의심하고 있다.

또 기욤의 어머니 아를레트는 1082년에 우연히 발견한 문서에서 그녀의 이름이 알려져 오늘날까지 '무두장이의 딸 아를레트'라고 불리게 됐지만 그전까지는 그냥 '팔레즈의 처녀'라고만 불리었다.

노르망디 공국의 수도 루앙(Rouen).
노르망디 공작 기욤과 플랑드르 백작녀 마틸드가
이 루앙대성당에서 1051년 결혼식을 올렸다.
현재도 역대 노르망디 공작들의 석관이
이곳에 보관되어 있다.

로베르 1세와 아를레뜨의 만남에 대하여 전해오는 전설이 몇 가지 있다. 로베르 1세가 사냥을 마치고 팔레즈 성으로 들어가던 중 근처 냇가에서 손을 씻다가 마침 그곳에서 성읍 처녀들과 함께 빨래를 하던 아를레뜨를 보고 첫눈에 반했다고도 하고, 로베르 1세가 성 안에서 창밖을 통해 성읍 처녀들과 노래하고 춤추던 아를레뜨를 보고 반해 그녀를 궁 안으로 불러들였다고도 한다. 어찌되었든 그녀의 용모가 매우 아름다웠음은 의심의 여지가 없다. 그러나 아를레뜨는 로베르 1세와 정식으로 결혼하지 않고 기욤을 낳았기 때문에 기욤은 사생아로, 자신은 첩으로 남게 되었다.

1034년 노르망디 공작 로베르 1세는 예루살렘으로 성지순례를 떠나게 되었다. 그는 떠나기 전 아무 보호막 없이 궁에 남겨질 사랑하는 여인 아를레뜨와 아들 기욤의 신변보장을 위해 비록 사생아이긴 하지만 기욤을 적자로 인정하면서 자신의 후계자로 지목하고 신하들에게 충성서약을 시켰다. 예루살렘으로 떠난 로베르 1세는 무사히 성지순례를 마치고 고향으로 돌아오는 길에 니케아(터키 서부 부르사 지방)에서 그만 열병에 걸려 25세의 나이로 사망했다.

남편 로베르 1세가 사망하고 난 후, 기욤의 어머니 아를레뜨는 노르망디의 영주인 에를뤼엥 드 콩트빌(Herluin de Conteville, 1001~1066)과 재혼하여 콩트빌 백작부인이 되었으며 에를뤼엥 백작과의 사이에 두 아들 로베르 드 모르탕(Robert de Mortain, ?~1090)과 오도(Odon de Bayeux, 1030 또는 1035~1097)를 낳았다.

팔레즈 성 앞 '기욤의 광장'에 서 있는 정복왕 기욤의 기마상. 이 기마상의 하단에는
역대 노르망디 공작들의 청동상이 함께 조각되어 있다. 1851년 루이 로셰 작

기욤에게는 이복동생이 되는 이 형제는 그 유명한 바이유 태피스리
(Tapisserie de Bayeux)에 아직까지 선명하게 그 모습이 남아있다.

바이유 태피스리에 묘사된 아를레뜨의
세 자녀들(좌로부터 오도, 기욤, 로베르 드 모르탕).
이 태피스리는 2007년
유네스코 세계기록유산에 등재되었다.

팔레즈 성에서 바라본 팔레즈 시내 전경. 로베르 1세가 창을 통해 마을 처녀 아를레뜨를 바라봤을 지점에서 찍어본 사진

　기욤의 어머니 아를레뜨는 8살의 어린 아들이 아버지의 뒤를 이어 노르망디 공작이 되자 사나운 시댁식구들에게서 아들을 보호하고자 많은 애를 썼으며 그녀가 할 수 있는 범위에서 아들의 권리를 지키려 귀족들과 맞서기도 했다. 아를레뜨는 1050년경 사망하여 노르망디의 그레탕 수도원(Abbaye de Grestain)에 매장되었다.

　아버지 로베르 1세가 사망하고 나자 8살의 기욤은 아버지가 성지순례를 떠나기 전 자신의 후견인으로 지목한 몇몇 귀족들의 보호와 또 당시 노르망디 공국의 주군인 프랑스 왕 앙리 1세의 지지 하에 무사히 공작의 지위에 오를 수 있었다.

그러나 사생아 신분으로 공작이 된 기욤에게 불만을 품은 귀족들(대부분 친척들)에 의해 기욤의 후견인 3명과 기욤의 가정교사 질베르(Gilbert de Brionne)는 잔혹하게 살해당했다. 한마디로 기욤 또한 언제 죽임을 당할지 모르는 위태로움 속에 불안한 어린 시절을 보내고 있었다.

노르망디 공국 문장

세월이 흘러 어느덧 15살이 된 기욤은 공국을 직접 통치할 수 있는 나이가 됨에 따라 정식으로 기사작위를 받고 지도자로서 갖추어야 할 강한 카리스마를 풍기며 대중 앞에 모습을 드러냈다. 그는 바이킹의 후예답게 선천적으로 강인한 체력을 타고났으며 큰 키에 거칠고 낮은 음성으로 주위를 압도했다. 또한 그는 활쏘기의 명수였고 공부에는 그다지 흥미가 없었는지 제대로 교육을 받지 않아 세련된 어법을 사용하지는 못했어도 연설을 하면 사람들의 마음을 움직이는 달변가로 변했다고 한다.

물론 기욤의 초상화는 존재하지 않는다. 다만 그의 권위를 확인할 수 있는 바이유 태피스리(Tapisserie de Bayeux, 1066년부터 1082년 사이에 제작됨)에 묘사된 모습을 보면, 그는 다부진 몸에 그 당시의 모든 노르망디인처럼 밥공기를 엎어놓은 듯한 머리모양과 수염이 없는 얼굴로 묘사되어 있다. 게다가 그는 갑자기 화를 내는 분노조절 장애를 겪는 듯하다가도 곧 분별력을 보이며 이내 냉정함을 찾는 것도 가능한 성격이었다.

스무 살 무렵까지 이어진 친척들의 끊임없는 반란은 늘 기욤의 골칫거리였으나 그때마다 그는 위기를 잘 넘겼다. 그리고 결정적으로 프랑스 왕 앙리 1세가 도와준 발레뒨 전투(Bataille de Val-ès-Dunes, 1047년)에서 그는 반란세력들을 모두 소탕하고 비로소 노르망디 공작으로서의 확고한 위치를 굳힐 수 있었다. 그리고 그 이듬해부터 기욤의 결혼협상이 본격적으로 진행되었다.

바이유 태피스리에 묘사된 정복왕 기욤. 이 태피스리는 기욤의 아내인 마틸드가 제작하였다고 알려져 왔으나 현재는 사실이 아닌 것으로 판명이 났고, 오히려 바이유 주교를 지낸 기욤의 이복동생 오도의 명령으로 만들어진 작품이라는 설이 유력하다.

한편 이미 서유럽의 강력한 지방 제후로서 대두된 두 세력, 즉 노르망디 공작과 플랑드르 백작이 서로 사돈을 맺는 과정을 지켜본 프랑스 왕 앙리 1세는 노르망디의 세력 팽창을 견제해야 할 필요에 따라 노르망디의 오랜 숙적인 앙주백작 가문의 조프루아 마르텔(Geoffroy Ⅱ d'Anjou)과 동맹을 맺고 두 차례에 걸쳐 노르망디를 공격하기도 했다.

루앙에서 결혼식을 올린 기욤과 마틸드는 대부분의 결혼생활을 캉의 공작성에서 보냈다. 그리고 결혼 이듬해인 1052년에 장남 로베르가 태어났다. 결혼하기까지 우여곡절이 많았던 두 사람이었지만 결혼생활은 더할 나위 없이 행복한 나날이었다. 결혼 전에는 콧대 높던 마틸드도 점점 남편 기욤의 남다른 성장배경 등으로 인해 형성된 그의 거친 성격을 이해하게 되었다. 마틸드는 끝까지 남편 기욤의 곁에서 그를 아끼고 사랑하리라 마음먹었다.

마틸드는 장남 로베르에 이어 첫째 딸 아델라이드와 둘째 딸 세실을 낳았고 차남 리차드까지 낳은 얼마 후 매우 기쁜 소식을 접했다. 사실 자신의 결혼은 교황 레오 9세의 결혼승인 불허에도 불구하고 감행한 불경한 결혼이었으므로 그녀는 늘 마음 한켠이 편치 못했는데, 이번에 새로 선출된 교황 니콜라스 2세가 자신들의 결혼을 합법적인 결혼으로 승인해준다는 소식이었다.

잉글랜드의 참회왕 에드워드와 어린 기욤이 만나는 장면을 묘사한 바이유 태피스리

1063년에 짓기 시작하여 3년만인 1066년에 완공된 캉의 남자수도원(Abbaye aux Hommes de Caen), 1960년대부터 현재까지 캉의 시청사로 쓰이고 있다.

다만, 결혼승인에 대한 조건으로 교황은 두 부부가 10년 전 결혼할 때 레오 9세의 말을 거부하여 교황청을 모독했던 대가로 각각 수도원을 건립해 교황청에 헌납하라는 것이었다. 부부는 이 명령을 순순히 받아들였다. 그리하여 마틸드는 캉의 여자수도원을, 기욤은 캉의 남자수도원을 각각 건립해 교황청에 헌납했다. 두 수도원은 1066년에 완공되었다.

수도원 건립에 온힘을 쏟고 점점 불어나는 가족에 행복한 나날을 보내고 있던 기욤은 어느 날 바다 건너 잉글랜드에서 들려온 소식에 촉각을 곤두세웠다. 그는 1066년 새해 벽두부터 부고를 접했는데 그것은 잉글랜드의 참회왕 에드워드(Edouard le Confesseur, 1004~1066)가 후계자 없이 사망했다는 소식이었다. 참회왕 에드워드라면 기욤이 어릴 때 팔레즈 궁에 피신해 와있던 바로 그 왕이었다.

1031년 덴마크가 잉글랜드를 침공하자 참회왕 에드워드는 어머니인 엠마 드 노르망디의 친정아버지 리차드 1세(Richard Ⅰ, 930~996)의 궁에 자신의 식솔들을 데리고 오랫동안 머물렀었다.

기욤은 그 당시 참회왕 에드워드가 노르망디에서의 오랜 망명생활을 끝내고 잉글랜드로 돌아가면서, "자신에게 아들이 없을 경우 기욤에게 잉글랜드 왕위를 물려주겠다"는 약속을 한시도 잊은 적이 없었기 때문에 그 약속을 근거로 그는 잉글랜드로 건너가 자신이 잉글랜드의 왕위를 이을 유일한 적법자라고 주장했다.

그러나 참회왕 에드워드 사후 잉글랜드의 왕좌는 그의 처남인 해롤드 고드윈슨(Harold Godwinson, 1022~1066)이 이미 차지한 상황이었고, 화가 난 기욤은 다시 노르망디로 돌아와 이 사태를 해결할 방법을 고심하게 되었다.

사실 참회왕 에드워드가 잉글랜드의 왕위에 대해 기욤에게 약속했다는 말은 오늘날까지 그 진위가 밝혀지지 않고 있다. 그렇다 해도 기욤이 끈질기게 참회왕 에드워드의 뒤를 이을 잉글랜드의 왕은 자신뿐이라고 당당히 말한 것은 에드워드가 여러 차례에 걸쳐 기욤에게 왕위를 물려줄

마틸드가 건설한 캉의 여자수도원(Abbaye aux Dames), 1791년 프랑스혁명 후부터 캉의 시립 병원으로 사용하고 있었으며 2차 세계대전 중(노르망디 상륙 작전)에 건물의 반 이상이 폭격으로 피해를 입었었다.

것이라는 암시를 꾸준히 했었기 때문은 아닌지……

잉글랜드의 참회왕 에드워드는 그의 별명이 말해주듯 독실한 신앙심의 소유자였지만 정치적으로는 무능한 왕이었다. 그는 장인인 웨섹스 백작 고드윈에게 이리저리 휘둘리며 지루하게 왕좌를 지키다 1066년 1월 5일 후계자 지명 없이 사망하였다.

혹자는 에드워드 왕이 웨일즈 정벌에 혁혁한 공을 세운 처남 해롤드 고드윈슨에게 왕위를 물려준다는 유언을 했었다고 하는데, 어쨌든 해롤드는 에드워드 왕이 사망하고 하루만인 1월 6일에 잉글랜드의 귀족회의인 위탄 회의(Witenagemot)에서 거의 만장일치로 잉글랜드 왕으로 선출되었다.

기욤은 오랜 숙고 끝에 정벌을 통한 왕위찬탈 쪽으로 마음을 굳혔다. 곧 그는 군대(노르망디군을 비롯해 부르타뉴, 앙주, 플랑드르에서 모집되어 온 용병들로 구성)를 결성하고 잉글랜드 원정에 필요한 수백 척의 배를 만들기 시작했다. 마틸드는 남편의 뜻을 존중했다. 그녀는 남편의 야망을 꺾을 수 없다는 것을 잘 알고 있었기 때문에 오히려 더 적극적으로 남편의 잉글랜드 정벌에 동참했다.

지금도 바이유 태피스리에 선명하게 남아있는 'MORA'라는 이름의 배는 마틸드가 남편 기욤에게 선물하기 위해 그녀가 낸 기부금으로 만들어진 배로, 기욤의 잉글랜드 출정 당시 선단의 맨 앞에 섰던 배이다.

여름이 지나가고 있었다.
이제 잉글랜드로 원정을 떠나기 위한 모든 준비는 끝났다.

약 8,000명의 병사와 600여 척의 배가 출정 날만을 기다리고 있었다. 이윽고 기욤은 군대를 아미앵 북쪽 생 발레리 쉬르 솜므(Saint-Valery-Sur-Somme)에 집결시켰다. 그러나 때마침 바람이 북풍으로 바뀌어 배가 뜨지 못하는 바람에 노르망디군은 약 2달 동안 해안에 꼼짝없이 발이 묶였다. 9월이 다갈 무렵 마침내 바람이 남동풍으로 바뀌자 기욤은 대망의 잉글랜드 정벌에 나설 선단의 닻을 일제히 올리게 했다.

한편, 잉글랜드 왕 해롤드도 노르망디의 기욤이 침공해 올 것에 대비해 전쟁준비에 만전을 기하고 있었다. 그는 약 8,000명의 군대 병력을 잉글랜드 남부 해안 지역에 배치하여 노르망디 군대의 상륙에 대비하고 있었으나, 북풍으로 프랑스 북부 항구에 발이 묶인 노르망디군의 상륙이 늦어지자 해롤드는 일단 자신의 군대를 해산시켰다.

그러나 해롤드의 동생 토스티그(Tostig Godwinson, 1026~1066)와 노르웨이 왕 하랄 3세(Harald Ⅲ de Norvège, 1015~1066)가 연합한 노르웨이 군대가 요크셔 지방에 침입했다는 전갈을 받자 해롤드는 부랴부랴 재소집한 군대를 이끌고 북쪽 지역으로 이동했다.

형에게 반역을 한 해롤드 왕의 동생 토스티그는 예전에 자신이 다스리던 노섬브리아의 영주직을 형이 박탈한 것에 앙심을 품고 처가인 플랑드르로 망명해 있었다. 그는 망명 중에 노르웨이 왕 하랄 3세를 만나 그에게 잉글랜드 왕위를 약속하면서 잉글랜드 침공의 명분을 제공하여 두 사람은 함께 동맹을 맺었다.

토스티그는 장인 플랑드르 백작 보두앙 4세의 원조 아래 먼저 군대를 이끌고 잉글랜드에 상륙해 동부 지역 이곳저곳을 약탈하면서 노르웨이 군대가 오기를 기다리고 있었다.

1066년 9월 25일 요크셔 지방의 '스탬퍼드 브릿지(Stamford Bridge)'에서 토스티그와 하랄 3세의 노르웨이 연합국과 해롤드 왕의 잉글랜드 양국 간의 치열한 전투가 벌어졌다. 결과는 토스티그와 노르웨이 왕 하랄 3세가 잇달아 전사하면서 해롤드의 승리로 끝났다. 그리고 이 스탬퍼드 브릿지 전투가 바이킹의 마지막 잉글랜드 침공이 되었다.

기욤이 때마침 남동풍으로 바뀐 바람 덕에 노르망디를 출발해 잉글랜드를 향해 항해를 시작한 때는 해롤드 왕이 스탬퍼드 전투에서 승리를 거둔 지 3일째 되는 날이었다.

물론 기욤은 이 사실을 전혀 모르고 있었다. 9월 28일에 잉글랜드의 서섹스 지방의 동쪽 해안마을 페븐시(Pevensey)에 무사히 상륙한 노르망디군은 인근에 있는 헤이스팅스 마을로 이동하여 그곳에 전진기지를 설치했다. 해롤드는 스탬퍼드 브릿지 전투의 승리를 만끽할 여유도 없이 노르망디군이 남부지방에 상륙했다는 소식을 듣고 다시 군대를 이끌고 남쪽으로 내려갔다.

해롤드와 기욤의 대결은 어차피 불가피한 것이었으나, 군사력으로만 본다면 기욤에게는 행운이 따랐고 해롤드는 운이 없었다. 해롤드의 군대는 이미 하랄 3세와의 전투에서 지쳐있었고 또 잉글랜드 전체를 행군하여야만 했다. 따라서 이미 충분히 휴식을 취한 적과 싸워야 하는 이중고를 겪어야 했기 때문이다.

또 병력면에서도 기욤에게는 잘 훈련된 정예의 기사부대가 있었지만 해롤드에게는 아무리 막강한 웨일즈의 장궁병들이 있다고 해도 그의 군대는 대부분 전투 경험이 없는 농민들로 구성된 보병뿐이었다.

1066년 10월 14일 이른 아침부터 벌어진 헤이스팅스 전투(Bataille d'Hastings)는 이례적일 만큼 하루 종일 계속되었다. 당시의 전투는 중간에 병사들을 쉬게 하기도 하고 점심을 먹은 후 다시 전투를 하는 것이 관례였으나 헤이스팅스 전투는 양쪽 수장들이 이 전투의 중요성을 간파한 듯 온종일 치열한 공방전이 계속 되고 있었다.

오전에 벌어진 첫 번째 전투에서 해롤드의 두 동생 기르트 고드윈슨(Gyrth Godwinson, 1032~1066)과 레오프윈 고드윈슨(Leofwine Godwinson, 1035~1066)이 전사했다. 그리고 기욤에게도 아찔한 순간이 있었다. 잉글랜드군의 투창이 기욤이 타고 있던 말을 명중시켜 말이 고꾸라지면서 말에서 떨어진 기욤이 전장에서 감쪽같이 사라진 것이다. 한참동안 그의 생사를 몰라 술렁이던 군대에 기욤은 갑자기 나타나 자신의 투구를 벗고 얼굴을 보이며 자신의 건재함을 외치고 다녔다.

해질 무렵 벌어진 두 번째 공방전에서 노르망디의 궁수가 쏜 화살이 해롤드의 눈에 박혔고 그는 순식간에 말에서 떨어져 바닥에 나동그라졌다.

기욤의 근위대 중 4명의 기사들은 재빨리 달려가 해롤드를 살해했다.

노르망디 공작 기욤이 잉글랜드 왕 기욤1세(윌리엄1세)로 즉위한 웨스트민스터 사원

지도자를 잃은 잉글랜드 군대는 좌초되어 뿔뿔이 흩어졌다. 이렇게 하여 헤이스팅스 전투에서 승리를 거머쥔 기욤은 곧바로 런던을 향해 진격했다. 그는 런던의 귀족들이 곧바로 자신에게 충성을 맹세하며 왕관을 갖다 바칠

바이유 태피스리에 묘사된 해롤드 왕의 죽음 장면, 눈에 화살을 맞은 해롤드 왕이 말에서 떨어지자 기욤의 근위대 네 명이 재빨리 해롤드에게 달려들어 칼로 살해하는 장면

줄 알았다. 그러나 런던의 귀족들과 켄터베리 대주교 스티갠드(Stigand, ?~1072)는 아직 어린 15살의 에드가 에셸링(Edgar Atheling, 1051~1126, 영국 Wessex 가문의 마지막 후손)을 왕으로 추대하여 자신들의 왕으로 삼음으로써 기욤을 당황케 했다.

그러자 기욤도 곧 작전을 바꿨다. 그는 런던 주변에 있는 귀족들의 영지를 약탈하고 마을마다 불을 질러 그들의 경제력에 타격을 입힘으로써 심리적인 압박감을 극대화하는 전통적인 바이킹의 전술을 폈다.

마침내 이 전술은 먹혔고 귀족들의 항복을 받아낸 그는 1066년 12월 25일 크리스마스에 노르망디 공작 사생아 기욤에서 정복왕 기욤 1세(윌리엄 1세)로 웨스트민스터 사원에서 정식으로 잉글랜드의 왕으로 즉위하였다.

그는 작위와 영지를 몰수당할까 두려움에 떠는 런던의 토착 귀족들을

안심시키기 위해 그들의 영지를 인정해 주겠다고 약속했으며, 성직자들에게도 교회와 수도원의 독립성을 인정해 줄 것이라 약속했다.

다만 켄터베리 대주교는 기욤의 오랜 친구이자 그의 자문인 랜프랑크 (Lanfranc, 1010~1089)를 임명했다. 그리고 전투에서 공을 세운 이복동생 오도에게는 켄트 백작의 작위를 수여했다. 오도는 후에 바이유 주교도 겸하게 되었다. 한편 해롤드의 영지는 모두 몰수하여 자신의 측근들인 노르망디의 귀족들에게 분배했다.

기욤의 대관식에 참석한 대부분의 런던 귀족들은 새로운 왕에게 충성을 맹세하며 신하의 예를 갖추는 듯했으나 잉글랜드의 토착세력인 지방의 귀족들은 이후로도 끊임없이 반란을 일으켰다. 기욤은 이방인인 자신이 대다수의 토착 국민들을 다스리는 데는 한계가 있다고 생각했다. 일단 무엇보다 말이 통하지 않았다.(잉글랜드 왕이 영어로 대중에게 연설한 것은 그 후로 300년이 지난 랭커스터의 헨리 4세가 처음이었다)

그래서 기욤은 정복지에 대한 좀 더 원활한 통치를 위해서 노르망디 귀족들을 대거 잉글랜드로 유입시켰다. 그리하여 자신을 믿고 고향을 떠나온 노르망디인들에 대한 보상이 필요했기 때문에 잉글랜드 내에서의 체계화된 수탈을 목적으로 잉글랜드 귀족들의 토지소유 현황과 인구조사를 실시해 정복지에 대한 본격적인 실태파악에 나섰다.

20년간에 걸친 조사를 통한 세금징수 결과 약 500명의 잉글랜드 토착

세력들이 자신들이 보유한 토지를 빼앗기고 지배층에서 몰락하는 결과를 가져왔다. 그들에게서 빼앗은 토지는 노르망디에서 이주한 노르망디인들에게 돌아갔으며, 대다수의 잉글랜드 평민들도 농노로 전락하게 되었다.

현존하는 조사서 중 가장 오래된 '둠즈데이 북(Domesday Book)'은 총 2권으로 간추려졌는데, 얼마나 철저히 조사를 했던지 한 하이드(60~120 에이커의 땅) 가축 한 마리까지 누락 없이 전부 기록되어있다고 한다.

1067년 부활절을 가족들과 함께 보내기 위해 기욤은 노르망디에 머무르고 있던 아내 마틸드를 윈체스터 성으로 불렀다. 오랜만에 가족들과 재회한 기욤은 행복한 시간을 보냈다. 이듬해 5월에 마틸드는 남편 기욤이 지켜보는 가운데 웨스트민스터 사원에서 잉글랜드 왕비로 즉위했다.

잉글랜드의 왕으로써 기욤이 잉글랜드에 머문 기간은 그리 길지 않다. 그것은 마틸드도 마찬가지였다. 중세의 여느 왕비들처럼 그녀도 자신의 영지를 돌보고 다스려야할 의무가 있었기 때문이다. 일찍이 기욤이 잉글랜드로 정벌을 떠나있을 때도 그녀는 남편의 충복인 로저 드 보몽(Roger de Beaumont) 등과 함께 아무 문제없이 노르망디를 잘 다스렸다. 마틸드는 오래전 남편에게서 노르망디의 미망인 상속지를 미리 받았었는데, 당시엔 그저 보잘것없는 3개 현 정도였었다.

칭의 여자수도원 부속교회인 생트 트리니테 교회(Eglise de la Sainte-Trinité), 이 교회에 마틸드의 무덤이 보관되어 있다.

하지만 지금은 잉글랜드의 왕비이자 노르망디의 공작부인으로서 잉글랜드 내에 많은 토지를 남편으로부터 하사받았고, 노르망디에서도 그녀의 영지가 8개의 백작령으로 늘어나면서 당시 유럽에서 가장 부유한 왕비가 되었다.

신앙심이 깊었던 마틸드는 그녀의 영지에서 나오는 수입을 생 에브르(Saint-Evroult), 코르네이유(Corneille), 클뤼니 수도원(Cluny)에 각각 기부하였고, 그녀가 세운 캉의 여자수도원에도 막대한 돈을 기부했다.

마틸드에게 한 가지 근심거리가 있다면 장남 로베르와 남편 기욤의 불화를 지켜보는 것이었다. 마틸드는 아들 로베르에게 내심 의지를 많이 하고 있었기 때문에 로베르의 치밀하지 못한 성격이나 무딘 경제관념에도 그녀는 아들을 끝까지 도와주었다. 한 예로, 노르망디 상속문제로 아버지와 갈등을 빚고 외국으로 추방당한 아들에게 그녀는 정기적으로 남편 몰래 돈을 보내주고 있었는데 그 일이 발각되어 그렇잖아도 불같은 성격의 남편과 크게 다툰 적도 있었다.

자식 문제로 인해 부부사이가 잠시 소원한 적도 있었지만 기욤과 마틸드의 결혼생활은 매우 행복했음이 분명하다. 당시로선 매우 드물게 기욤에 관한 어떤 기록에도 그에게 첩이나 사생아에 대한 언급이 없는 것은 기욤에게 일생의 여인은 오직 마틸드뿐이었음을 입증하는 것이다. 마틸드가 기욤보다 4년 먼저 사망했는데 아내 사망 후에도 기욤은 계속 혼자 지냈다.

이토록 금슬 좋은 부부에게도 슬픈 종말은 다가오고 있었다. 1083년 여름이 끝날 무렵 중병에 걸린 마틸드는 자신의 삶이 얼마 남지 않았음을 감지했다. 그녀는 기욤과의 사이에 총 4남 4녀를 두었는데 모두 장성했으나 막내아들 헨리만 당시 15살로 아직 어렸다. 형들은 아버지에게 차례대로 물려받을 유산이 있었지만 막내 헨리는 그렇지 못할 것이 뻔했다. 그래서 마틸드는 자신의 잉글랜드 내 영지와 현금 5,000리브르를 헨리에게 유산으로 물려주었다.

그녀는 자신의 유해를 캉의 여자수도원에 묻어달라고 유언했다. 그리고 무덤 옆에 켜놓을 초 값으로 자신의 왕관과 홀을 수녀들에게 기부했다. 그런 후 1083년 11월 2일 52세를 일기로 숨을 거두었다. 그 후 마틸드의 시신은 캉의 여자수도원의 트리니테 교회에 쭉 보관되어 왔으나, 1562년 종교 전쟁 때 위그노들에 의해 한 차례 도굴 당했다. 1961년에 마틸드의 무덤이 또 한 번 개방되었는데 관속에 남아있던 그녀의 대퇴골 뼈를 맞추어본 결과, 그녀의 키는 152cm 정도로 당

마틸드의 유해를 덮고 있는 아름다운 대리석 석관. 라틴어로 빼곡히 적혀있는 묘석에는 그녀의 부모 이름과 남편의 이름, 그리고 그녀가 하사한 토지 위에 이 수도원과 교회가 지어졌음이 기록되어 있다. 또 그녀가 생전에 교회에 기부한 진귀한 보물들을 가난한 사람들을 위해 써달라고 유언했다고 적혀 있다.

시 여자들의 평균키보다 큰 것으로 판명되었다.

그동안 그녀의 키가 127cm라고 적힌 모든 기록들을 뒤엎는 결과가 나온 것이다. 마틸드는 후대에 그려진 상상화에도 늘 양 갈래 머리에 동그란 얼굴과 큰 눈 등 귀여운 표정을 한 매우 작은 여성으로 그려지고 있었다. 사랑하는 아내 마틸드의 장례식을 마치고 궁으로 돌아온 기욤은 30년 넘게 동고동락해온 아내의 체취를 그리워하며 그녀의 방에서 한동안 나오지 않았다.

그러나 그가 자리를 비운 잉글랜드에서 또 다시 심상치 않은 반란의 움직임이 포착되었다. 이번에는 스코틀랜드 왕까지 가담한 반란이었으나 기욤에 의해 또다시 평정되었다.

1086년 가을 기욤은 셋째 딸 콩스탕스와 부르타뉴 공작 알랭 4세(Alain Ⅳ de Bretagne, 1060~1119)의 결혼식에 참석하기 위해 노르망디로 돌아왔다. 그리고 그동안 늘 숙제였던 노르망디 공국과 프랑스 왕국 간의 분쟁지역인 벡상(Vexin) 지역에 대한 소유권을 분명히 해두기 위해 머리를 짜냈다.

1087년 7월 직접 군사를 이끌고 벡상 지역으로 간 기욤은 망트(Mantes) 현을 불 지르고 성읍이 불타는 과정 중에 실수로 말에서 떨어졌다. 사실 전투 자체도, 낙마 사고도, 별것이 아니었으나 화염에 싸인 망트의 노트르담 성당 근처에서의 이 어이없는 실수 때문에 그는 영영 일어나지 못하게 된 것이다.

캉의 남자수도원 부속교회인 생 테티엔 교회(Eglise de Saint-Etienne) 정문.
좌우 완벽한 대칭으로 균형미를 이룬 고딕양식의 예배당으로 이곳에 기욤의 석관이 보관되어 있다.

　기욤은 그동안 강인한 체력 덕분에 건강유지를 잘하고 있었으나 말년
에는 거동이 불편할 정도로 비만 상태에 있었다. 아무리 체력이 남다른
그였다지만 그도 이제 60세의 노인이었다. 기욤은 장 파열로 의심되는
증세를 보여 곧바로 수도인 루앙으로 옮겨졌다.

　루앙의 생 제르베 수도원(Prieure de Saint-Gervais)에서 그는 며칠 동안
의식 없이 누워있었다. 곧 주교와 의사들이 당도했고, 셋째 아들 기욤 루
퍼스와 막내아들 헨리가 도착해 아버지의 병상을 지켰다. 노르망디에서
쫓겨나 있던 장남 로베르는 아버지가 사망한 후에야 노르망디로 돌아올
수 있었다.

임종이 다가오자 그는 가까스로 힘을 내 두 아들에게 유언을 남겼다. 첫째 아들 로베르에게는 노르망디 공국을 물려주고, 그가 가장 총애한 셋째 아들 기욤 루퍼스에게는 잉글랜드 왕의 자리를 주었으며, 막내아들 헨리에게는 영지들을 사들일 수 있는 현금을 남긴 후 1087년 9월 9일 새벽에 60세를 일기로 파란만장한 생을 마감했다.

그의 시체는 곧바로 배로 옮겨져 뱃길을 이용하여 캉에 도착했다. 그리고 그가 세운 캉의 남자수도원의 생테티엔 부속교회에 매장되었다.

위대한 정복왕 기욤 1세의 슬픈 장례식 장면은 연대기 작가 오르데릭 비탈이 그의 연대기에 자세히 기록해 놓았다.

말년에 몸이 엄청 비대해졌던 기욤은 루앙에서 사망 후 캉에 매장될 때까지 상당한 시간이 소요되자 부패로 인해 그의 시체가 점점 부풀어 올랐다고 한다. 그래서 대리석 관에 그의 유해를 안

생테티엔 교회 내부. 기욤의 묘를 가리키는 표지가 보인다.

정복왕 기욤의 묘는 종교전쟁 때 위그노들에 의해, 또 프랑스혁명 때는 시민혁명군들에 의해 도굴, 파괴되었다.
지금의 이 화려한 대리석 석관은 19세기에 다시 만들어진 것이다.

장할 당시 억지로 관에 구겨 넣는 바람에 그만 그의 배가 터져 순식간에 교회 전체에 악취가 진동했다고 한다. 우여곡절 끝에 매장된 그의 유해는 그 후로 몇 차례에 걸쳐 도굴되어 그의 영원한 안식마저 방해했다.

1522년 교황청에 의해 한 차례 발굴이 진행되었으며, 1562년 종교전쟁 때에는 위그노들에 의해 그의 유해가 불태워져 뼛가루를 흩뿌리는 과정에 샤를 투스탕이란 노르망디 출신의 시인이 간신히 그의 왼쪽 대퇴골 뼈를 추스려 성당에 몰래 전달했고, 그 후 기욤의 이 대퇴골 뼈는 성당 지하창고에 보관되어오다 1983년 8월 22일 성당의 한 인부에 의해 우연히 발견되어 지금까지 기욤의 묘에 보관되어 오고 있다.

그 과정에서 그의 뼈를 맞추어본 결과 기욤의 키는 1m 73cm 정도로 당시 평균 남자의 키보다 10cm 정도 컸다고 한다. 현재 기욤의 화려한 대리석 석관은 프랑스혁명 때 파괴된 것을 19세기에 다시 제작한 것이다.

중세의 역사가들은 기욤이 그의 집권기간 동안 교회와 수도원의 발전에 기여했음을 그의 가장 큰 업적으로 기록했다. 또 그가 매우 경건한 신앙심을 가진 사람이었다고 기록했으나 몇몇은 그가 탐욕스럽고 잔인했다고 비판했다.

마틸드와 기욤의 자녀들

1. 아델라이드(Adelaide, ?~1113), 마틸드의 첫째 딸

그녀의 일생에 대해 확실히 알 수 있는 기록은 남아있지 않다. 우선 그녀의 출생년도가 불분명하다. 하지만 캉의 여자수도원에 남아있는 수녀들의 사망자 명부에 그녀가 기욤의 첫째 딸이라고 명시되어 있어 그것으로 역사가들은 아델라이드가 기욤과 마틸드의 첫째 딸이라고 추정하고 있다. 또한 그 명부에는 그녀가 1113년에 사망했다고 기록되어 있다.

연대기 작가 오르데릭 비탈에 의하면 잉글랜드 왕 해롤드가 기욤과의 화친을 위해 정략적으로 아델라이드와 약혼했다고 언급했는데, 해롤드가 헤이스팅스 전투에서 사망하면서 그녀의 결혼 계획은 무산되었고 그 후 그녀는 생 레가 드 프레오 수녀원(Saint-Leger de preaux)에 들어가 수녀가 되었다.

세월이 흐른 후 그녀는 어머니가 세운 캉의 여자수도원으로 자리를 옮겨 그곳의 수녀원장이 되었다가 1113년에 그곳에서 사망하였으며 동생세실이 아델라이드의 뒤를 이어 여자수도원의 수녀원장직을 물려받았을 것으로 보인다.

2. 세실(Cécile, 1056~1126.7.30.), 마틸드의 둘째 딸

세실은 첫째 딸 아델라이드와 달리 출생년도가 확실하게 남아있다. 세실은 어려서 부모에 의해 수녀원으로 보내졌으며 후에 캉의 여자수도원 원장이 되었다.

무슨 이유에서인지 세실은 아버지 기욤이 잉글랜드로 출정하던 해인 1066년에 수녀원으로 보내지는데, 어쩌면 어머니 마틸드는 이 해에 완공된 캉의 여자수도원에 자신의 딸을 애초부터 하나님께 헌신할 종으로 만들 생각을 했었던 듯하다. 1066년 6월 18일에 세실은 그녀 앞으로 상속될 재산을 수녀원에 헌납하고 11살의 나이에 수녀로 입문하였다. 그후 그녀는 1113년에 캉의 여자수도원의 원장이 되었으며 1126년에 그곳에서 사망한 것으로 나와 있다.

3. 콩스탕스(Constance, 1062~1090.8.13.), 마틸드의 셋째 딸

콩스탕스는 1086년 부르타뉴 공작 알랭 4세와 노르망디에서 결혼했다. 당시 노르망디 공국과 부르타뉴 공국은 서로 원수지간이었으나 아버지 기욤이 부르타뉴와 평화조약을 체결하면서 딸을 정략결혼시킨 것이다.

그러나 1090년 8월 13일 당시 28세 전
후였던 세실은 자식 없이 사망하여 렌
느의 생 멜라니 교회에 매장되었는데,
1672년에 이 교회 지하에서 그녀의 석
관이 우연히 발견되어 열어보니 관속에
는 납으로 만든 십자가와 함께 매장 당
시 그녀의 유해를 감쌌을 것으로 추정되
는 양털 조각이 나왔고 그 안에 여러 개

마틸드와 기욤의 셋째 딸 콩스탕스

의 뼛조각들도 함께 남아있었다고 한다. 그리고 묘비에는 그녀의 이름과
아버지의 이름 그리고 남편의 이름이 새겨져 있었고 그녀의 사망일자가
정확하게 새겨져 있었다고 한다.

4. 아델(Adèle, 1067~1137.3.8.), 기욤과 마틸드의 넷째 딸

아델은 마틸드의 막내딸로 위의 언니
들과는 다른 삶을 살았던 여인이다. 그
녀는 라틴어와 희랍어를 읽을 줄 아는
당시로서는 드물게 제대로 된 교육을 받
아 교양 있는 여성이었고, 정치적으로도
권력을 휘두르던 여장부로 중세의 여성
들 중 매우 활동적인 역할을 했었다.

마틸드와 기욤의 막내딸 아델

아직 어린아이였을 때 그녀는 아미앵 백작 시몽 드 크레피와 약혼을 했었으나 시몽이 돌연 카톨릭에 귀의하여 수도원으로 들어가 버리자 약혼은 취소되었다.

1083년경 아델은 자신보다 스무 살 넘게 나이 차이가 나는 블로아 백작(에티엔-앙리(에티엔 2세), Comte de Blois, Etienne-Henri, 1045~1102)와 결혼하여 블로아 백작부인이 되었다.

그 후 그녀는 거듭되는 출산으로 육아에만 전념하고 있었는데 1096년 1차 십자군 원정에 참여하게 된 남편을 대신해 그의 영지를 관리하며 정치세계에 등장하게 된다.

에티엔 2세가 십자군 원정을 떠나고 난 후 안티오크에서 남편이 속해 있던 부대가 사라센인들에 포위당해 원정대가 거의 전멸 위기에 몰리자 부대의 대장이던 남편이 병영에서 탈영하여 그의 명예에 오점을 남기며 귀국길에 올랐다는 소식이 들려왔다.

아델의 남편 에티엔 2세

이 소문을 전해 들은 아델은 일찍이 남편이 의지가 약한 사람이란 건 알고 있었지만 그의 이 비겁한 행위에 분노하여 집으로 돌아온 그를 쌀쌀맞게 맞이했다.

아내의 이 차가운 환대에 에티엔 2세도 짐짓 마음이 상해 있었던 데다 부도덕한 자신의 행동에 대해 거듭되는 그녀의 성화에 못 이겨 겁쟁이라는 불명예를 떨쳐버리고자 그는 다시 십자군 원정대에 합류하기 위해 예루살렘으로 되돌아갔으며 이듬해인 1102년 이스라엘의 라믈라(Ramla)에서 명예롭게 사망했다. 아델이 가문의 명예와 자신의 자존심을 위해 살아 돌아온 남편을 다시 사지로 내몬 셈이다.

그녀는 그 당시의 귀족 여성들 중 가장 많은 서신을 남겼으며, 문학 외에도 과학, 지리, 그리고 특별히 천문학에 매우 깊은 관심을 지니고 있었다. 그리고 당시의 교회에도 지대한 영향력을 행사하고 있었으며 고위 성직자들과도 친분을 쌓고 있었다. 당시 그녀와 정기적으로 서신을 주고받던 성직자는 샤르트르 주교 이브(Yves)와 켄터베리 대주교 안셀무스(Anselme)가 있는데 아델은 이 두 사람의 절친이자 그들의 든든한 후원자였다.

또 1107년에는 프랑스를 순례하러 왔던 교황 파스칼 2세가 꽤 오랜 기간 그녀의 영지에 머무르기도 했었다. 또한 정치적인 수완도 대단했던 그녀는 어릴 때부터 형제들 중 가장 친했던 남동생 잉글랜드 왕 헨리 1세와 접촉해 그의 후계자가 선박사고로 목숨을 잃어 장차 잉글랜드의 왕위 계승에 어려움이 있을 것을 간파하고 그녀의 두 아들 에티엔과 앙리를 아예 잉글랜드로 보내 외삼촌의 궁에 기거하게 했다.

아델의 일곱 번째 자녀인 에티엔. 그는 후에 삼촌인 헨리 1세의 뒤를 이어 잉글랜드 왕으로 선출되었다.

그녀의 소원은 아들 에티엔을 동생 헨리 1세가 그의 후계자로 지목해 주는 것이었다.그렇게 하여 그녀의 두 아들 중 에티엔은 적자 없이 사망한 헨리 1세의 뒤를 이어 스티븐 1세로 즉위하여 잉글랜드 왕이 되었다.

그리고 그녀의 막내아들 앙리는 잉글랜드에서 가장 부유한 교구인 윈체스터의 주교가 됨으로써 마침내 그녀의 소원은 이루어졌다.

아델은 에티엔 2세와의 사이에 모두 9명의 자녀를 두었다. 그리고 그녀의 활약 덕분에 블로아 백작 가문은 그 이전보다 더욱 강력해진 가문으로 프랑스 왕국에 자리 잡았다.

또한 이 가문에서 1명의 프랑스 왕비가 배출되었는데 아델의 장남 티보 4세의 딸 아델(Adèle de Champagne, 1140~1206)이 프랑스 왕 루이 7세(Louis Ⅶ, 1120~1180)의 세 번째 왕비가 되었으며 그녀가 바로 필립 오귀스트의 어머니이다.

그 후 블로아 백작부인 아델은 부르고뉴의 생트 트리니테 수도원으로 은퇴했고, 그곳에서 1137년 3월 8일 70세를 일기로 사망했다.

5. 노르망디 공작 로베르(Robert II de Normandie, 1052~1134.2)

로베르는 기욤과 마틸드의
장남으로 1052년 캉에서 태어
났다. 그는 어려서 노르망디
공작 작위를 받았으며 그의 작
은 키 때문에 '짧은 장화'라는
별명으로도 불렸다.

마틸드의 장남, 노르망디 공작 로베르의 상상화

로베르는 어머니 마틸드가 그녀의 자녀들 중 가장 사랑했던 아들이었
으며 아버지 기욤이 가장 싫어한 아들이었다.

그는 20세 무렵에 아버지 기욤과 노르망디 상속문제로 말다툼을 벌이
고 난 후, 홧김에 아버지와 원수지간인 앙주 백작 풀크 4세를 찾아가 그의
봉신이 되는 조건으로 멘느 백작 지위를 얻었다. 이 일로 그는 아버지 기
욤의 눈 밖에 났다. 결정적으로 두 부자가 완전히 결별한 사건은 로베르
가 두 동생 기욤 루퍼스와 헨리와 함께 공국의 남쪽 지역인 에이글(Aigle)
을 공격하기 위한 사전준비 중에 일어났다. 사소한 형제간의 다툼을 아버
지가 동생들의 편을 들면서 이 부자사이는 영원히 단절되었다. 이 일로
로베르는 노르망디를 떠났고 아버지의 장례식에도 참석하지 않았다.

역사가들은 이 부자간의 단절을 완고하고 금욕적인 아버지와 과시욕에 불타는 혈기왕성한 아들 간에 벌어진 '전형적인 세대 간의 갈등'으로 보고 있다.

아버지 기욤은 노르망디 공국을 아들에게 물려주어 뒷자리로 물러앉을 생각이 아직 없었고 또한 장남이 아직 공국을 다스릴 만한 역량이 안 된다고 생각했다. 그러나 아들 로베르는 자신이 어른이 되었음에도 공국을 물려주지 않는 아버지에 대한 반항과 섭섭함이 두 차례에 걸친 반란으로 이어진 것이다. 그러다 보니 로베르는 영지도 없고 수입도 없어 자신을 따르는 신하들에게 나누어 줄 봉토뿐 아니라 돈이 없어 늘 재정적인 압박에 시달려야 했다.

노르망디에서 추방당한 로베르는 처음에는 외삼촌이 있는 플랑드르에 머물렀으나 나중에는 프랑스 왕 필립 1세의 궁에 거처했다. 그들은 아버지의 적들이었다.

그가 아버지 기욤의 사망소식을 들은 건 필립 1세의 궁에서였다. 그는 아버지의 임종을 지키지는 못하였으나 아버지의 유언에 따라 상속받은 노르망디 공국을 차지하려 추방당한 지 10년 만에 다시 노르망디로 돌아왔다. 드디어 노르망디를 통치하게 된 로베르는 공국 내에서 반란을 모색하는 불손한 귀족들을 제압하거나 회유할 만한 능력이 전혀 없었다. 그는 욕심은 많으나 치밀하지 못한 성격으로 교활하고 야심 많은 두 동생에 한참 뒤지는 무능함의 전형이었다.

1096년 당시 서유럽을 들끓게 한 1차 십자군 원정에 참여하고 싶어 안달이 난 로베르는 원정에 필요한 자금을 확보하기위해 동생인 잉글랜드 왕 기욤 루퍼스에게 노르망디 공국을 담보로 10,000마르크를 빌려 기나긴 원정길에 올랐다. 여러 단점에도 불구하고 로베르는 용감한 군인이었다. 그는 예루살렘을 해방시키는 데 커다란 공을 세우고 드디어 노르망디를 떠난 지 3년 만에 귀국길에 올랐다.

그는 귀국길에 들른 남이탈리아에서 그곳의 제후인 노르망디 사람 고드푸르아 드 콩베르사노의 어린 딸 시빌을 보고 첫눈에 반해 그녀를 데리고 고향으로 돌아왔다. 그리고 그녀와의 사이에 외아들 기욤이 태어났다. 그러나 로베르의 아내 시빌 드 콩베르사노(Sibylle de Conversano, 1085~1103)는 아들 기욤을 낳은 1년 후 18살의 나이로 사망하게 되는데 당시 그녀는 로베르보다 30살이나 어렸었다. 시빌의 무덤과 묘비명은 지금도 루앙대성당에 남아있다.

연대기 작가 오르데릭 비탈이 기록한 바에 의하면, 시빌은 당시 노르망디 최고의 미인이었으며 그녀의 미모와 교양을 질투한 로베르의 첩 아녜스 드 리브몽에 의해 독살 당했다고 기록했다.

예루살렘에서 돌아오던 중 로베르는 막내 동생 헨리가 기욤 루퍼스에 이어 잉글랜드 왕으로 즉위했다는 소식을 들었다. 그는 잉글랜드의 왕위는 당연히 장자인 자신이 되어야 한다고 믿었기 때문에 노르망디에 도착한 후 별다른 준비 없이 잉글랜드로 쳐들어갔다.

그러나 결과는 패배였고 그가 후일을 도모하고 있을 때 이번에는 헨리 1세가 노르망디를 침공했다. 그리고 이듬해 탕슈브레 전투(1106년 9월 28일)에서 노르망디군이 잉글랜드군에 또 패하면서 로베르도 사로잡혔다. 포로가 된 로베르는 잉글랜드로 압송되어 20년 동안이나 돌셋 지방과 월트셔 지방을 전전하며 죄수로 지냈다.

그리고 1134년 2월, 쥐가 들끓는 웨일즈의 카디프성(Chateau de Cardiff)에서 82세를 일기로 한 많은 생을 마쳤다.

로베르가 갇혀 있던 곳이 아주 비참한 환경은 아니었다고 해도 동생 헨리 1세는 무려 28년 동안이나 친형을 풀어주지 않았다. 로베르의 시신은 글로스터의 세인트피터 수도원(Cathédrale de Saint-Pierre de Gloucester) 교회에 묻혔다. 헨리 1세는 형의 영혼을 위로하기 위해 자신이 영구적으로 초 값을 지불한다는 사인을 하고 형의 시신 곁에 항상 초를 밝혀줄 것을 그곳 수도사들에게 당부했다.

로베르의 하나뿐인 아들 기욤 클리통(Guillaume Cliton, 1102~1128)은 아버지가 탕

노르망디 공작 로베르의 아들 기욤 클리통

윌리엄 2세가 노르망디를 다스리게 되면서 그 기념으로 지은 지조르성

슈브레 전투에서 포로로 잡혔을 때 고작 4살이었다.

그는 자신을 잉글랜드 왕으로 추대하기 위해 노르망디 귀족들이 일으킨 반란에 가담했다가 실패하고 26세의 나이로 아버지보다 먼저 사망했다.

6. 리챠드(Richard de Normandie, 1058년경~1074)

기욤과 마틸드의 둘째 아들로, 아버지 기욤이 자신의 후계자로 생각할 정도로 일찍부터 아버지의 신임을 받았으나 18세 때 잉글랜드의 왕실 사냥터인 뉴 포레스트에서 사냥 도중 낙마사고로 사망했다.

7. 기욤 2세(Guillaume le Roux, 1060~1100.8.2), 윌리엄 2세

기욤은 1060년 마틸드와 기욤의 셋째 아들로 노르망디의 캉에서 태어났다. 그의 별명이 '루퍼스'인 것은 그의 머리 색깔이 붉었거나 얼굴빛이 붉어서 붙여진 별명으로 어느 기록에는 그가 금발이었다고도 하므로 붉은 머리에 대해서는 논란의 여지가 있다. 이 '루퍼스'라는 별명은 물론 그의 생존 시에는 불리지 않았으며 후에 역사가들이 다른 많은 기욤들과 구분 지으려 붙여놓았음이 분명하다.

기욤의 가정교사는 당시 캉의 남자수도원 원장 랜프랑크였으며 기욤의 지능은 중간 정도였다고 한다.

기욤과 형제들은 서로 사이가 좋지 않았는데 큰형 로베르가 아버지에 대해 반란을 일으켰을 때 기욤은 아버지 편이었고, 또 그는 아버지가 전쟁에 나갈 때마다 아버지를 수행해서 참모 역할을 도맡아 할 만큼 아버지를 좋아하고 따랐다. 그리고 루앙에서 아버지가 사경을 헤맬 때도 제일먼저 도착해 아버지 곁을 지켰다.

윌리엄 2세. 붉은 얼굴빛으로 인해 '루퍼스'라는 별명으로도 유명하다.

아버지의 유언에 따라 잉글랜드를 물려받은 기욤은 1087년 9월 26일 웨스트민스터 사원에서 잉글랜드 왕 기욤 2세(영국식 윌리엄 2세)로 즉위했다. (이후 윌리엄으로 표기)

그러나 윌리엄 2세는 정치에 대한 지식이 전혀 없었으며, 잉글랜드라는 나라를 잘 몰랐다. 윌리엄 2세는 용감한 군인이면서도 통치에는 잔혹한 면을 보인 것이 아버지 기욤 1세를 빼닮았다. 특히 그와 켄터베리 대주교 안셀무스와의 불화는 유명하며, 윌리엄 2세는 당연히 교회도 세금을 내야 한다고 주장하는 입장이었다.

그는 형 로베르의 영지인 노르망디 공국을 호시탐탐 노리다 1096년에는 직접 침공했으며, 형에게 십자군 원정자금 10,000마르크를 빌려주고 노르망디를 넘겨받아 섭정을 하게 된 기념으로 벡상 지역에 지조르 성을 쌓기도 했다.

사실 윌리엄 2세는 매우 흥미롭고 또 미스테리한 인물이다. 그는 오늘날에도 '동성애자'라는 의심을 받고 있는데 그가 평생 독신이었던 건 물론, 그의 주변에 어떤 첩이나 사생아의 이름이 거론되지 않기 때문에 궁금증은 증폭되었다. 역사가 프랑소와 느뵈는 "중세의 기독교 국가의 왕이 결혼을 하지 않은 것은 매우 드문 일이다"라고 썼다.

딱 한 번 윌리엄 2세가 결혼에 대해 생각했던 적이 있는데 그가 중병에 걸렸을 때 스코틀랜드 왕 말콤 3세의(Malcolm Ⅲ d'Ecosse, 1031~1093) 딸 마틸드를 왕비 감으로 점찍고 결혼계획을 진행시켰었다. 실제로 윌리엄 2세는 당시 12살이던 마틸드가 교육을 받으며 머무르고 있던 수도원을 방문하기까지 했었지만 막상 그의 병이 낫자 결혼얘기는 없던 것으로 되었다.

연대기 작가 말메스버리의 기욤(Guillaume de Malmesbury, 1095~1143)은 윌리엄 2세와 동시대인이 아님에도 불구하고 그에 대해 매우 상세히 기록했는데, 그는 윌리엄 2세에 대해 작은 키에 다부진 체격으로 배가 많이 나왔고, 붉은 얼굴빛에 양쪽 눈 색깔이 달랐다고 묘사한다.

또 당시 대다수의 잉글랜드 귀족들의 헤어스타일인 긴 머리에 가운데

가르마를 한 머리 모양을 했고, 유행에 매우 민감해서 당시 유행하던 옷이 아니면 입지 않았다고 한다. 또 왕은 매우 유쾌한 성격에 평상시에도 농담을 즐겼으며 특히 가까운 측근들과 있을 때는 격식을 따지기 싫어해 왕으로서의 품위에 맞지 않는 상스러운 말로 대화하기를 즐겼다고 한다.

그와 같이 윌리엄 2세는 사사로운 자리에서는 말을 잘했으나 대중적인 자리에서는 발표력이 떨어지고 또 급하면 말을 더듬었다고 한다. 그러나 왕의 권위에 대해서는 대단한 자부심이 있어서 자신을 만만히 보며 도발하는 사람에게는 그가 사촌일지라도 눈을 뽑고 거세시킬 수 있는 위험한 인물로 언제든지 돌변할 수 있는 사람이었다.

1100년 8월 2일 목요일 아침, 윌리엄 2세는 측근들을 대동하고 햄프셔 지방의 왕실 사냥터인 뉴포레스트(New Forest)로 사슴 사냥을 나갔다. 그는 친구인 퐁티유 남작 고티에 티렐(Gautier Tirel(영국명 월터 티렐, Walter Tirel), ?~1120)과 나란히 말을 몰았다. 물론 동생 헨리도 이 사냥에 동행했다. 하루 종일 허탕만 치던 왕은 해가 저물어 갈 무렵 숲속에서 갑자기 나온 사슴을 발견했다. 그는 맞은편에 있던 월터 티렐에게 사슴을 쏘라는 손짓을 했다.

그러나 어디선가 날아온 화살이 왕의 심장을 관통했고 왕은 외마디 비명을 지르며 말에서 떨어져 그 자리에서 절명했다. 지금도 윌리엄 2세의 이 미스테리한 죽음에 대해서 범인이 누구인지 알지 못한다.

하지만 말메스버리의 기욤이 월 터 티렐을 범인으로 지목했는데 이 유는 사냥터에서 월터가 줄곧 왕의 뒤쪽에서 말을 몰았고 왕이 화살을 맞고 쓰러질 때 둘밖에 없었다는 증 언이 있었으며 무엇보다 월터는 당 시 최고의 명사수였기 때문이다. 게 다가 윌리엄 2세의 사망 직후 월터 티렐은 재빨리 프랑스로 돌아가 버 렸다.

윌리엄 2세의 최후는 비참하고 외 로웠다. 사냥에 함께 온 귀족들은 뜻 하지 않은 왕의 갑작스러운 죽음에 놀라 모두 뿔뿔이 흩어져 도망갔다.

윌리엄 2세의 죽음을 묘사한 석판화, A. de Neuville, 1895년 작

동생 헨리조차 형의 죽음을 확인한 후 시신수습에 아무런 조치 없이 급 히 말을 몰아 왕실 금고를 차지하기 위해 윈체스터 성으로 달려갔다.

이튿날이 되어서야 근처에 사는 농부가 왕의 시신을 발견했고 마을주 민 몇 사람이 시체를 짐수레에 싣고 윈체스터 대성당까지 운반했다.

이렇게 하여 잉글랜드 왕 윌리엄 2세는 1100년 8월 3일 41세의 나이로 사망한 지 하루 만에 윈체스터 대성당(Abbaye de Winchester) 중앙 탑 아래에 급하게 매장되었다.

그의 장례식에는 소수의 귀족들만 참석했다. 동생 헨리는 자신의 대관식 준비에 바빠 형의 장례식에 참석하지 않았다. 그는 형의 죽음의 최대 수혜자였다. 당시에도 헨리가 월터 티렐을 매수하여 형을 암살했다는 소문이 무성했다.

8. 헨리 1세(Henri Ⅰ d'Angleterre, 1068~1135.12.1)

헨리는 마틸드와 기욤의 막내아들로 1068년 잉글랜드에서 태어났다. 그는 막내아들이어서 애당초 왕위 서열에서 배제되어 있었으며 부모로부터 어떤 영지나 작위도 물려받지 못했다. 그래서 부모는 그에게 영지 등을 사 들일 수 있는 현금을 물려주어 막내여서 누리지 못한 권력과 부를 누릴 수 있게 해 주었다.

1100년 8월 5일 헨리는 32세의 나

마틸드의 막내아들 헨리 1세

이로 형 윌리엄 2세의 뒤를 이어 헨리 1세로 웨스트민스터 사원에서 형의 사망으로 공석이 된 잉글랜드의 왕 자리를 급하게 차지했다. 원래대로라면 차기 잉글랜드 왕은 큰형 로베르가 되는 것이 맞지만 그는 십자군 원정에서 돌아오는 중이었고, 왕의 자리를 탐낸 헨리 1세가 형이 돌아오기 전에 서둘러 즉위식을 한 것이었다.

헨리 1세는 자신의 왕위계승의 정통성이나 자신에 대한 귀족들의 지지기반이 약하다는 것을 잘 알고 있었다. 그래서 그는 국민들에게 과중한 세금을 부과하고 교회의 재산에도 탐을 내 성직자들과도 불화했던 형 윌리엄 2세의 실책을 만회하고 그때까지도 자신을 의심의 눈초리로 보는 귀족들의 환심을 사고자 그들의 구미에 맞는 정책들을 내놓았다. 또 그는 로마에 쫓겨 가 있던 안셀무스를 다시 불러들여 켄터베리 대주교직에 앉혔다.

헨리 1세는 두뇌회전이 빠르고 명석했으며 무엇보다 권력욕이 강한 차가운 성격의 소유자였다. 그는 기욤 1세의 아들들 중 가장 유능한 정치가였다. 그는 자신의 잉글랜드 왕으로서의 정통성을 확고히 하기 위해서는 잉글랜드의 토착세력과의 결혼이 절실히 필요하다고 느꼈다. 그래서 알프레드 대왕의 혈통을 이어받은 웨섹스 가문의 딸을 신붓감으로 찾고 있었다.

그리하여 윌튼 수녀원에서 지내던 스코틀랜드 왕 말콤 3세의 딸 마틸드(Mathilde d'Ecosse, 1080~1118.5.1)를 왕비로 맞아들였다. 마틸드는 알프레드 대왕의 직계손으로 한때 윌리엄 2세와도 결혼 얘기가 오갔던 공주였다. 왕비 자리에 오른 마틸드는 매우 활달한 성격에 당찬 여성이었다. 그녀는 헨리 1세의 정치에도 많이 관여했으며 아들 윌리엄이 자신의 웨섹스 가문의 혈통을 이어 받아 완벽한 앵글로색슨인으로 자리 잡을 것에 대한 기대가 상당히 컸었다고 한다.

마틸드 왕비는 헨리 1세와의 사이에 1남 1녀를 두었다. 첫딸 마틸드는 신성로마황제 하인리히 5세에게 시집갔다가 하인리히 5세가 사망하자 다시 앙주 백작 조프루아 플랑타주네(Geoffroy Plantagenet, 1113~1151)와 재혼하였고, 그와의 사이에서 난 아들 헨리가 후에 잉글랜드의 플랑타주네 왕조의 시조가 되는 헨리 2세이다.

헨리 1세와 왕비 마틸드의 첫째 딸 마틸드

또 아들 윌리엄 아델린(Guillaume Adelin, 1103~1120.11.25)은 헨리 1세의 유일한 적자로 왕은 생존 시에 윌리엄 아델린을 후계자로 지명했다.

1106년에 노르망디에서 벌어진 탕슈브레 전투에서 승리함에 따라 헨리 1세는 아버지 기욤 1세 이후 두 번째로 잉글랜드 왕이면서 노르망디 공작 지위를 모두 갖게 되었다. 그리고 그는 포로로 잡힌 형 로베르를 평생 감옥에 가두고 석방시키지 않았다.

헨리 1세의 치세기간 동안 잉글랜드는 많은 발전을 이루었다. 그는 법률에 따라 과세를 매기고 왕실의 권력남용을 제한하는 '자유 헌장'을 선포하여 잉글랜드를 본격적인 관료국가로 만들어 나갔다.

1118년에 왕비 마틸드가 사망하자 왕은 시름에 잠겼다. 그리고 아내가 사망한 지 2년 후에 헨리 1세에게 더 큰 시련이 닥쳤다. 바로 그의 유일한 적자인 후계자 윌리엄 아델린을 선박 사고로 잃은 것이다.

중세의 타이타닉 사건이라 일컫는 '블랑슈 네프(화이트 쉽)' 선박침몰 사고는 총 300명의 승선인원 중 왕세자 윌리엄 아델린을 포함해 헨리 1세의 혼외자식들, 조카 등 140명에 달하는 귀족들과 18명의 귀부인들이 노르망디 해안에 수장당하는 대형 사고였다.

[화이트 쉽 사건] 블랑슈 네프(Blanche Nef) 사건

1120년 11월 25일 헨리 1세는 노르망디에서 잉글랜드로 돌아가기 위해 바플뢰르 (Barfleur) 항구에서 배를 기다리고 있었다. 그때 토마스라는 이름의 노르망디 사람이 찾아와 왕을 뵙기를 청했다. 그는 "저의 아버지는 폐하의 아버지가 잉글랜드로 원정을 떠날

때 왕이 탄 배의 선장으로 왕을 모셨던 사
람인데, 이제 저에게는 막 건조된 '블랑슈
네프'라는 이름의 완벽한 배가 있사오니
부디 왕을 모셔 저의 아버지의 영광을 저
에게도 누리게 해 주시옵소서"라고 말했
다. 그러자 왕이 대답하기를 "나는 이미 선
택한 배가 있고, 대신 왕자들과 그 식솔들
을 그 배에 태우게 하라"고 말했다.

새 배를 타게 됐다는 소식에 들뜬 왕자들
은 엄청나게 술을 마셔댔고 대부분이 젊은
귀족들이었던 블랑슈 네프의 탑승자들은

화이트 쉽 사건을 그린 그림

이미 취한 상태로 배 위에 올랐다. 당시 17세의 왕세자 윌리엄 아델린은 배가 출항할 때
축복해주러 온 성당 신부도 귀찮다고 내쫓고는 50여 명의 노 젓는 사람들에게도 술을 나
누어주고 왁자지껄한 상태에서 배가 출발했다. 밤이 되자 왕세자는 먼저 떠난 아버지의
배를 빨리 쫓아가자며 노를 빨리 저으라고 재촉했고 술을 마셔 흥분한 상태로 선원들은
노를 짓기 시작했다.

그렇게 지름길로 항로를 바꾼 배가 어느 순간 기우뚱하자 순식간에 배에 물이 차오르기
시작했다. 그 해안은 수심이 20m가 안 되고 바위가 솟아있는 바다였다. 그중 한 바위와
부딪혀 배가 침몰하자 아비규환 상태에서 선장 토마스가 물에 뛰어들었다. 한참 만에 물
위로 얼굴을 내민 선장이 윌리엄 아델린의 안부를 물었을 때 선원들이 못 봤다고 하자 그
는 자신을 저주하며 다시 물로 들어갔다고 한다. 다음날, 근처의 낚시꾼이 파도에 밀려온
수많은 시체들을 발견하고 사람들에게 알렸다.

전해지는 이야기로는 이 비극을 왕께 전할 강심장의 신하들이 없어 어린아이에게 전하게
했다고 한다. 이야기를 전해 들은 왕은 그 자리에서 쓰러졌고 이후 헨리 1세가 웃는 것을
본 사람이 없었다고 한다.

이 일로 헨리 1세는 다시 후계자가 필요해졌고 재혼 생각이 없었던 그였지만 왕자를 얻기 위해 다시 루벵의 백작녀인 아델라이드(Adélaïde de Louvain, 1103~1151.4.23)를 왕비로 맞아들였다. 하지만 그녀와 헨리 1세 사이에는 자식이 태어나지 않았다. 물론 헨리 1세는 이름이 밝혀진 첩만 6명에다 이름이 알려지지 않은 첩까지 합치면 10명이 넘는 여자들이 있었고 그녀들과의 사이에서 낳은 혼외자식만 35명이 넘었지만 그 자녀들은 정실왕비에게서 낳은 자식들이 아니었으므로 그들을 왕의 후계자로 삼을 수는 없었다.

그러나 재혼 후 아무리 기다려도 왕자의 탄생소식이 없자 헨리 1세는 하는 수없이 신성로마황제 하인리히 5세에게 시집갔다 미망인이 되어 돌아온 첫째 딸 마틸드를 1127년에 후계자로 지명하고 귀족들에게 그녀에 대한 충성서약을 시켰다. 여태껏 여왕을 섬겨 본 일이 없던 귀족들은 동요했다. 게다가 마틸드가 이듬해인 1128년 6월 17일 앙주 가문 사람인 조프루아 플랑타주네와 재혼하자 노르망디 출신의 귀족들이 일제히 반감을 표시했다. 왜냐하면 앙주 가문은 노르망디와 대대로 앙숙관계였기 때문이다. 그러나 헨리 1세가 살아있는 동안은 그들도 노골적으로 불만을 드러내지는 못했다.

세월이 흐를수록 헨리 1세는 성격이 더 괴팍해지고 더 침울해졌으며 아들 윌리엄 아델린의 사망 후 그가 웃는 것을 본 사람이 없을 정도로 그의 영혼은 피폐해져 갔다.

1135년 12월 크리스마스를 보내기 위해 가족들과 함께 고향 노르망디로 온 헨리 1세는 리옹-라-포레(Lyons-la-Foret) 궁에 머무르고 있었는데 그곳에서 저녁식사로 먹은 장어요리가 그만 식중독을 일으켜 왕은 발병 며칠 만에 사망하였다. 그의 유해는 잉글랜드로 옮겨져 리딩수도원(Abbaye de Reading)에 매장되었다.

헨리 1세 사후 잉글랜드는 사촌 간의 왕위다툼으로 피비린내 나는 10년간의 내전상태에 돌입하게 된다. 결국 귀족들은 헨리 1세의 딸 마틸드가 아니라 기욤 1세의 딸 아델의 아들인 블로아 백작 스티븐(Etienne de Blois, 1092~1154.10.25)을 잉글랜드의 왕으로 선출하였다.

자료 수집을 위해 답사했던 도시들

1차 답사 도시

파리(Paris)

생드니(Saint-Denis)

프로방(Provins)

트루아(Troyes)

퐁텐블로(Fontainebleau)

그레 쉬르 루앙(Grez-sur-Loing)

오를레앙(Orleans)

싸르트르(Chartres)

루앙(Rouen)

아미앵(Amiens)

아라스(Arras)

릴(Lille)

라옹(Laon)

랭스(Reims)

수아송(Soissons)

삐에르 퐁(Pierrefonds)

쇼아지 오 박(Choisy-au-Bac)

콩피에뉴(Compiegne)

믈룅(Melun)

보 르비 콩트(Vaux-le-Vicomte)

성스(Sens)

샹티이(Chantilly)

보베(Beauvais)

생 제르맹 엉 레(Saint-Germain-en-Laye)

2차 답사 도시

모(Meaux)

성리스(Senlis)

몽디디에(Montdidier)

망뜨 라 졸리(Mantes-la-Jolie)

지조르(Gisors)

에부르(Evreux)

뽀 모(Port-Mort)

레 장들레(les-Andelys)

캉(Caen)

팔레즈(Falaise)

렌느(Rennes)

낭뜨(Nantes)

앙제(Angers)

라 플레슈(La Fleche)

소뮈르(Saumur)

시농(Chinon)

랑제(Langeais)

투르(Tours)

앙브와즈(Amboise)

블로아(Blois)

3차 답사 도시

낭떼르(Nanterre)

에탕쁘(Etampes)

그르노블(Grenoble)

샹베리(Chambery)

엑스 레 방(Aix-les-Bains)

엑 상 프로방스(Aix-en-Provence)

아비뇽(Avignon)

아를(Arles)

님므(Nimes)

몽펠리에(Montpellier)

오랑쥬(Orange)

니스(Nice)

칸느(Cannes)

카르카손(Carcassonne)

뚤루즈(Toulouse)

그라스(Grasse)

사를라 라 카네다(Sarlat-la-Caneda)

보르도(Bordeaux)

디종(Dijon)

리옹(Lyon)

안시(Annecy)

브장송(Besancon)

참고문헌

1. Vie des reines célèbres, Paule Lejeune .éd. du Félin, 2008.

2. Les Reines de France, Paule Lejeune. éd. Philippe Lebaud, 1989.

3. Les Carolingiens, une famille qui fit l'Europe, Pierre Riché, Hachette, 1983.

4. Guillaume le Conquérant, Michel de Boüard, Fayard, 1984.

5 Guillaume le Conquérant, Philippe Maurice, Flammarion, Paris, 2002.

6. La Reine Mathilde, Michel de Boüard,

7. Le Mariage de Jeanne d'Albret, Alphonse de Ruble, Adolphe Labitte, 1877.

8. Pétrarque, Alphonse Rastoul, Paris, 1836.

9. Marie de Médicis, Philippe Delorme, Pygmalion, 1998.

10. Marie de Médicis, Paola Pacht-Bassani, Somogy, 2004.

11. Marie de Médicis, Michel Carmona, Paris, Fayard, 1981.

12. Reine de France, Mathieu Delaunay, paris, Éditions genealogiques de la Voûte, coll. 2005.

13. Reines et Favorites de France, Renaud Thomazo, Larousse, 2009.

14. Blanche de Castille, Fayard, 1990.

15. Saint Louis, Gérard Sivéry, Paris, 2007.

16. Anne de Bretagne, Didier Le Fur, Guénégaud, 2000.

17. Anne de Bretagne, Jean Kerhervé.

18. Anne de Bretagne, Georges Minois, Fayard, 1999.

19. Saint Louis, Jacques Le Goff, Gallimard, 1996.

20. Marguerite de Provence : Une Reine au temps des cathédrale, Fayard, 1987.

21. Les Enfants Rois, Christian Bouyer, Pygmalion.

22. Charlemagne, Jean Favier, Fayard, 1999.

23. Charlemagne, Georges Minois, Éditions Perrin, 2010.

24. Louis 13, Jean-Christian Petitfils, Perrin, 2008.

25. 프랑스사, 앙드레 모로아, 범우사.

26. 중세의 가을, 요한 하위징아, 연암서가.

27. 중세 프랑스의 귀족과 기사도, 콘스탄스 브리텐 부셔, 신서원.

28. Le Livre Rois de France, Jean-Philippe Guinle, Bordas.

29. 영국사 산책, 찰스 디킨스, 옥당.

〈참고 사이트〉

불어판 위키 백과

https://fr.m.wikipedia.org/wiki/Reines_de_France_et_Femmes_illustres

〈사진출처〉

수록된 사진들 대부분은 현장 답사해서 촬영했으며

발췌된 사진 일부는 노력에도 불구하고 저작권자를 확인하지 못하고 출간하였습니다.

확인되는 대로 최선을 다해 협의하도록 하겠습니다.

퍼브릭 도메인은 따로 표기하지 않았습니다.